献给

我至爱的读者们……

完美呈现解小邪文学才华
愿你与这世界温暖相拥

解小邪 Xie Xiaoxie 著

感人至深的作品

致我们年少轻狂的青春

河北大学出版社
HEBEI UNIVERSITY PRESS

图书在版编目（CIP）数据

致我们年少轻狂的青春 / 解小邪著 . — 保定 : 河北大学出版社 , 2017.6

ISBN 978-7-5666-1110-9

Ⅰ . ①致… Ⅱ . ①解… Ⅲ . ①短篇小说—作品集—中国—当代 Ⅳ . ① I247.7

中国版本图书馆 CIP 数据核字（2016）第 321528 号

致我们年少轻狂的青春

ZHI WOMEN NIANSHAO QINGKUANG DE QINGCHUN

解小邪 著

出 版 人　耿金龙
总 策 划　李继勇
项目统筹　宋香君　田佰根
营销策划　田金香　吴　淼
　　　　　王保卫
选题策划　何　东
责任编辑　何　东　赵彩霞
责任印制　靳云飞
装帧设计　宋双成

出版发行　河北大学出版社
　　　　　（保定市莲池区七一东路 2666 号　071000　www.hbdxcbs.com）
印　　制　三河市人民印务有限公司
版　　次　2017 年 6 月第 1 版
印　　次　2017 年 6 月第 1 次
开　　本　950mm × 1300mm　1/16
字　　数　140 千字
印　　张　14
书　　号　ISBN 978-7-5666-1110-9
定　　价　19.80 元

序

我想，看了这本书，有读者会问，天下哪有这么多不幸的事？这也太巧合了吧？

《双生野豌豆》里的白澍和白薇父母离异，双生的姐妹俩不得不分隔两地；《错过茳蓼花开》里的洛峰得了先天性心脏病，董奇奇却毫无察觉；《勤奋妞　格子铺》里的那个来自农村的张兰家里怎么就那么穷，妈妈怎么还病了，她怎么还要挣钱供两个妹妹读书；《我们是幸运的孩子》里的借读生巫小瓷的运气怎么那么差，出身于贫穷家庭不说，爸爸还从建筑工地上摔下来导致右腿骨折……

这些不幸真的是巧合吗？这么多不好的事怎么都让解小邪小说里的主人公摊上了？这很好解释，大多数人的生活没有那么富有戏剧性，又或者你只看到周围一类人群的生活圈子，而对另外的人群并不熟悉，也没有去发现，或者自动地避而远之。其实这个世界上每个人都是那么的不同，即便看上去生活在美好的家庭，看起来一切都很顺利，他内心也会生出很多波澜，他内心也会脆弱，需要加倍关注和呵护。

我们看到，虽然这本书里大多数人的人生都像是在破了的衣服上打了补丁，但是他们都没有向命运妥协，在自己并不富足的人生里努力向上地活着，在努力向上的过程中影响着身边的人，彼此给以善意和温暖。谁又能说他们的人生一无所有，谁又能说他们的人生不富足？

这本《致我们年少轻狂的青春》和《那些年，你陪我度过囧涩时光》，两本书中的文章都是近几年在杂志报纸发表过并且转载次数较多的，此次结集成书，希望能传递一些正能量。

以此为序。

解小邪

2016年11月13日

目录

目录

第一章 总有一个人让你成长

谁没有暗恋过?

谁没有彷徨过?

谁没有伤心过?

……

可青春就是这个样子啊!

赤橙黄绿青蓝紫，这是彩虹的颜色，

可是我知道，除了这七种颜色，

环在彩虹最外边的，还有第八种颜色，叫作透明。

只有当彩虹的七种颜色褪尽的时候，透明才会出现，

它不在天上，它在我的心里。

只是你永远都不会知道了，

这是属于我的青春的颜色，青春的秘密。

彩虹的第八种颜色叫透明

赤色

你和姐姐年龄一样，都大我四岁，而我从小就只是你们的跟屁虫。你们玩“跑得快”的游戏，一会儿我就看不到你们了，我假装快跑，然后摔倒，我知道你们不会丢下我的。

你俩从胡同里跑向我，同伴们从各个角落里钻出来，大声叫着：“哈哈，你们两个输了。”我却甩开你们拉我的手跑回

家，把膝盖上抹了红药水，哭着告诉妈妈你们两个联合起来欺负我。

回到家，姐姐自然是免不了一顿训，睡梦中我听到打骂声，我知道，你被你妈妈打了。

第二天早上我去幼儿园的时候，在家门口遇到了你，你从离我两米远的地方丢了一颗棒棒糖给我，我没接住，掉到了地上。你冲我做鬼脸，“就知道告状，下次再也不带你玩了。”你飞跑着去上学，我捡起地上的棒棒糖，棒棒糖又没招惹我，我干吗不吃？！我斜眼看着你跑远的身影，把糖往嘴里送，竟然吃着是软的！糖已经被你换成了卫生纸！

胡同口，露出你半边脸，拍着手掌跳起来笑。

那时，我五岁，你九岁，你是住在我隔壁的哥哥。

橙色

你和姐姐每天骑着单车一起上学放学。我羡慕，但是爸妈工作忙，没时间教我骑单车。

你说：“我教你吧。”你扶着车把，姐姐扶着后座，我踩在脚蹬上，你说：“使劲蹬，真是笨蛋，那么多饭，都吃哪儿去了？！”

我蹬得还是很吃力，你轻轻扭了一下车把，姐姐在后面大叫：“倒了，倒了。”我吓得一身汗，尖叫着闭上眼睛。

车子当然没有倒下来，我这才知道你们是故意的，你们故意让我出洋相。我赌气不理你们，但是我听到你们在说话，姐姐说：“花仙子的贴画你是从哪里买的，真漂亮。”

我绷不住了，花仙子的贴画是我最喜欢的，我蹭地一下就跳到你们面前，一把抢过贴画。你大声说：“笨蛋，本来就是送你的，抢什么抢。”

其实，我早就学会骑单车了，但我假装不会骑，假装自己很笨，为的是能让你载我上学，我很想听你们在聊些什么。

你一定不相信，上小学二年级，我就已经学会跟你和姐姐耍小心眼了。

黄色

我学习不好，每次开家长会，爸妈都是最后离开学校的。爸妈从来不怪我，他们笃信“儿孙自有儿孙福”这句古话，况且我除了学习不太好，智力方面并无大碍。

你说：“我给你补习功课吧，我跟你姐打赌了，你要是考不了一百分，我就得天天帮她做值日。”姐姐站在旁边笑，我就见不得姐姐笑，我不能让她的阴谋得逞。

我知道，给我补课是假，想找机会跟我姐姐多见见面才是真的。可是我愿意和你们共同进行这个谎言，因为每次来你都会给我买好吃的，有时是一支雪糕，有时是一颗棒棒糖。

看到你满头大汗地着急我对数学怎么就那么不开窍时，我也不好意思，我不能让你真的天天帮姐姐做值日，虽然这只是一个谎言而已。

后来，我的数学顺利过关，小学毕业时还考了一百分。我拿着试卷去找你，你告诉我你和姐姐要到小镇上上高中了。

我盼望长大，能和你们一起在小镇上读书，可是你们走得比我快，我到达了一个地方，你们却已经要到别的地方去了。

绿色

上了高中，就得住校，你和姐姐每月只能回家一次。每次回家，姐姐总要给我带点小礼物，都是从小镇上买来的笔记本或者圆珠笔什么的。

我和姐姐之间的仇视在这些零零碎碎的小礼物里慢慢融化，当然我也知道，其实大多数时间都是我一个人的仇视，姐姐从来不跟我计较。

偶尔，你也送我礼物。那天你在我家门口叫住我，把一盒谢霆锋的磁带递给我。你说："听你姐说你喜欢，就买了送你。"

我说了声"谢谢"，便跑回了家。而我那颗懵懂的心，直到晚上睡觉时还"怦怦怦"跳得厉害。

上高中后，你不经常到我家里来了，因为大人们说，你和姐姐都是大孩子了，要以学习为重。

周末，我躲在你们返校的路上等着，看到尽管不是同一个时刻从家里出发，但你们还是在路上相遇了，两辆单车互相追逐着，你们仍像小时候一样打闹，根本没有长大的样子。

看着你们的身影消失在路的尽头，我想，你们两个真的很般配，如果能一直这样下去，也很好。

青色

我还是留起了长发，因为妈妈说：“女孩就应该有女孩的样儿，看看你姐姐。”

那时，你和姐姐已经在外地上同一所大学了，只有寒暑假才回来。我没去过外地，不知道那里是什么样子，但暑假的时候，我看到了姐姐，她穿着棉布裙、棉布鞋，一根辫子松松地搭在肩上。她像杂志里的女子，让我惊叹。

我穿起了姐姐穿过的百褶裙，走起路来尽量稳一点，告诉自己不要像个男孩一样左摇右晃，尽量不发出声音，姐姐说：“还是换回牛仔裤吧，你适合那样。”

姐姐刚说完，你就进来了，自从上了大学，大人已经不反对你来我家了。你看到我穿裙子的模样，笑了起来：“五年后，你穿裙子一定很好看，不过现在，还是穿牛仔裤好。”

你和姐姐真的那么心有灵犀吗？在你的眼里，是不是只有姐姐一个人是公主呢？

我脱下了百褶裙，换上我的牛仔裤，镜子里的我，确实挺像真实的我。

蓝色

“我喜欢你！”当我在日记本上写下这四个字的时候，我的手哆嗦了一下，我怎么能喜欢你呢！你是姐姐的，从小到大，一直都是。

我17岁生日那天，姐姐挽着你的手臂从外地回来了。你穿着白衬衣牛仔裤，英挺的身材，而姐姐也不逊色，虽然仍穿着棉质的衣服，但那种幸福的姿态却是满满实实。你们真的是天生一对。

那天，姐姐拉着我到我们都曾经生活过的校园，我们边走边回忆童年和少年，直到日落西山。姐姐拉着我的手，打开了家门。我看到院子里的葡萄架上无数支蜡烛闪着光，爸爸妈妈站在架下，慈祥地笑着，他们面前摆着一个三层大蛋糕。

“哦。”不知道何时，从四处跳出很多人，有我的同学，有你的爸爸妈妈。

妈妈说：“还不谢谢哥哥，哥哥好不容易才把蜡烛插满了葡萄架。”我羞红了脸，把一块大奶油抹在了你的脸上，葡萄架下闹成了一片。

就是那天，我才知道，大人们已经同意，你们大学毕业就可以结婚了。我笑着，流出了眼泪，为我的生日，为你们的幸福。

紫色

我用心地学习，只是为了要证明，我不比姐姐差。我和你们一样，考进了同一所大学，这是多么令人高兴的事情啊！只是多么不巧，我忙着收拾行李的时候，你们已经大学毕业了。我总是追不上你们的脚步，就是脱了鞋追，也追不上。

我接到你的电话，你们要去荷兰，你说那里有旋转的大风车和满眼的郁金香，你说你要将大把的郁金香送给姐姐。我知道，郁金香的花语是“最爱”。姐姐抢过电话：“我一直不知道他的梦想是去荷兰啊。”

我大声叫着，对姐姐说：“你这家伙，哪辈子修来的福气。”

电话那头，传来姐姐咯咯的笑声。

挂了电话，我泪流满面。十三岁那年，我正在看电视上的旅游节目，大片大片郁金香开满荷兰的每条街道、每个院落、每只眼睛所能及的地方，我自言自语起来：“谁能带我去荷兰，那儿有那么多郁金香。”

“我带你去啊，又不是不可能。”门“吱呀”一声响了，是你站在门口，语气坚定。

再过一个礼拜，你就要和姐姐飞去荷兰了。我不知道你是不是曾经想要喜欢我，不是那种对妹妹的喜欢，而是恋人的喜欢。或者，是因为大人们想当然地认为你和姐姐年龄相仿，你们青梅竹马就应该是一对，你顺应大人们的意愿认为就应该和姐姐在一起。这些似乎都不重要了，姐姐高兴就好。

透明

我去机场送行。当我看着你和姐姐手挽手出现的时候，我不再有年少时那种揪心的痛。

最后，我拥抱了姐姐，拥抱了你。这是我第一次拥抱你，也算实现了我儿时的一个梦，拥抱着你，我的心是明朗的，我把双臂轻轻地放开，微笑着说：“一路平安。”

赤橙黄绿青蓝紫，这是彩虹的颜色，可是我知道，除了这七种颜色，环在彩虹最外边的，还有第八种颜色，叫作透明，因为太透明，所以融进了云朵里，很少有人能够捕捉到。

我知道，当我的心是透明的时候，那个属于我的秘密已经过去了，也许这个秘密也曾经属于你，但都不能重新再来过。姐姐能实现我去荷兰的梦想，真的很好。而我也有了男朋友。

看着身边陪我一起来为你们送行的男朋友，我心里不觉得遗憾。有些美好，就叫它距离吧，因了距离，那份透明才能浮现出来，那份美好也才更加值得回味。

夜深人静时，我听一首歌：

天上的星星，

为何，像人群一般的拥挤呢；

地上的人们，

为何，又像星星一样的疏远……

三个男生一个女生，能够演一出什么样的戏？

以前，我不知道；以后，不敢再想……

从夏天开始单飞

三个男生的老大

“尚天一，你太牛了，进球那个范儿，不是一般的帅。”这是三人篮球赛结束后，啦啦队们围堵尚天一时几乎众口一词的话。

尚天一之所以能被MM们围攻，球技自然功不可没，但我更愿意认为，是他太帅了。高一，身高一米八，相对于喻佳佳和罗浩野，他的海拔明显占优势。再加上他学习成绩不错，愿意为他尖叫的女生自然多得不计其数。但另外两个人也不差，在青少年科技大赛上包揽了一金一银。总之，这三个人，不是一般的牛。

我是谁？我是这三个人的老大！这是比较平民的称呼，夸张一点，我通常这样介绍自己：我是SYL三人篮球队的经纪人。我的工作就是给他们抱衣服、递饮料，若有人找他们比赛，也要先跟我联系，我根据他们的档期安排时间。所以，经纪人这个称呼只是美其名曰，真正干的是打杂的活儿。即使这样，争着来打杂的人也不少。要不是我跟尚天一是发小，估计，这老大我还真当不上。

“老大，我的可乐呢？”哦，尚天一又开始大喊大叫了，他真把自己当大牌了。可在我递上饮料时，他的两只手上已经攥着可乐了。不用解释，自然是MM们积极送上来的。他朝我坏坏地挤眉弄眼，我没理他。

我拧开可乐，自己“咕咚咕咚”喝了半瓶。这半天比赛，我跟着又喊又叫，嗓子都冒烟了。SYL倒也争气，眼看着离冠军越来越近了。

我把一瓶绿茶送到喻佳佳面前，他看了我一眼，一言不发。乍一听，喻佳佳这个名字是不是特别搞笑？那是一定的了，高一开学时，老师点名，叫到“喻佳佳”。他喊“到”。全班哄堂大笑。他的脸羞得通红。后来大家熟了，他说是他奶奶喜欢女孩，就给他起了个女孩的名字。他不爱说话，但打起篮球来，生龙活虎，所以，名字真说明不了什么，只是一个符号而已。

至于罗浩野么，是有钱人家的孩子，花钱爽快极了，从他家到学校不过两站地，他都懒得走路，也不愿挤公交车，出门就打车。他喜欢送礼物给朋友，我经常收到他的礼物，有时候是限量版的香水，有时候是我们的邻国俄罗斯的小徽章，我喜欢把它们挂得到处都是，管它是真的还是仿的。

一封不该看的信

“四人行！”同学们这么形容我们。很多女生托我把情书转给身边的三个帅小伙子，我一边答应，一边毫不客气地接受女生贿赂的零食，就冲这些零食，我都得不辱使命。可要命的是，他们三个人总是把信往垃圾箱里一丢，看都不看一眼。

那天，罗浩野塞进我书包里一封信。他说：“把这封信交给它的主人吧。”说完，他就跑了。我心想，大大咧咧的罗浩野居然也有害羞的一面啊！咦？他们不是把女生们写的信都扔了吗？他这是给谁写的信？

当我打开书包后，鬼使神差地，折得方方正正的纸片从信封里掉出来。信纸是粉色的，印着我喜欢的美羊羊。我的心倏地一动，再看信封，上面没有写姓名，连地址都没有。在好奇心的驱使下我把信打开了。罗浩野在信上说：“我喜欢快乐的女生；喜欢看你抱着一堆衣服一筹莫展的可怜相；喜欢你蹦着跳着为我们加油；喜欢你每次递给我饮料时的笑脸；喜欢你把徽章挂得到处都是，走到哪儿都叮叮咚咚地响；喜欢你长得像美羊羊一样的大眼睛……”

我懵了，这是一封示爱信，莫非这是写给我的？没错，字里行间描绘的那个女孩就是我呀！我拧了一下大拇指，疼。这不是梦，我看了一封不该看的信。

信，我还给了罗浩野。我说：“没地址、没姓名，我交给谁啊？”他说：“你没看吗？”我说：“我可不是爱偷看别人秘密的人。”他嗤之以鼻，不屑地走开了。

我，站在篮球架下，把篮球往筐里扔，那球飞到一半就掉了下来，真没劲。

三个人的群架

夏天的午后，我和尚天一放好单车，走向教室。他喜欢用手臂搭着我的肩。我觉得没什么，怦然心动之类的词在我身上完全不存在。虽然我知道他一直以来都很喜欢我。但我只当他是一个哥们儿。

那天，喻佳佳不知道犯了什么毛病，他跟我大讲特讲校规班规，我听得两耳发麻。最后他点出主题，男生和女生勾肩搭背走路影响不好。我暗笑，喻佳佳什么时候也变得这么封建了！我跟尚天一是哥们儿，这是同学们都知道的事，他现在怎么这么敏感？难道是他喜欢我？我看着他离开时的背影，觉得很得意。要是那帮女生知道这三个大帅哥都对我有意思，还不得炸了锅。

那天下午，有一场友谊赛。SYL队状态不好，三个人打得十分拙笨。很少被罚犯规的喻佳佳，被罚了四次。按规定，每个队员允许三次犯规，第四次犯规就罚出场，队员被判取消比赛资格时，该队比赛资格也将取消。喻佳佳的犯规导致SYL队失去了继续比赛的资格。

操场上，罗浩野给了喻佳佳一拳，喻佳佳回了他一记耳光。两个人不分青红皂白，没有原因地，你一拳我一脚地开战。尚天一上来劝架，怎料到，两个人将火气撒到他身上。三个人，打得热火朝天。围观的人里三层外三层。我孤单地站在人群外面，只有我知道，我是这场闹剧的导火索。但我什么也解释不了。

直到保安来，直到教导处的老师来……三个男生被带到了保卫处。老师痛心疾首："看看你们，长得都不赖，打起群架来虽说也威猛无比，但毕竟是打群架啊，这多影响你们在女生心目中的地位啊！"

让人哭笑不得的是，老师使出浑身解数，他们还是没有说出打架的原因。最后他们给老师的解释是：青春期躁动，有劲没地方使。三个人当场握手言欢。

幸好没打出什么大事，老师说先记过一次，看他们的表现，若今后不再犯，高中毕业时就把记过撤销。如若不然，必将严惩。

离开保卫处，他们三个人肩搭肩，一切像发生在别人身上一样。

像星星一样近，像人群一样远

校园里传言，三个男生的群架是因我而起。我默然。那时的SYL队，已经不再像从前那样抱成团。上学放学，都是单独行动，就连训练和参加比赛也都是我一一通知，最后，他们甚至连比赛都懒得参加，迟到是经常发生的事。

我忍无可忍，大声叫嚣，你们不想参加就不要来了，解散，解散，你们爱干什么干什么去！我跑出操场，跑出校园，跑到我们经常聚会的冰店。墙上，SYL队初成立时我们写下的豪言壮语已经被新的语录遮盖，我在无数张语录下面，找到当初的雄心壮志：我们要打出一流的水平，我们要成为高中球队里的NO.1，我们要留下最炫、最狂妄、最美好的青春。

如今，这一切，似乎即将不复存在。我伏在桌子上，眼泪止不住地往下掉。不知道过了多久，有人拍我的肩膀。我用手抹了抹眼泪，才抬起头。是那三个大帅哥，他们跟我说，SYL队不解散，我们要打完最后这场比赛。我笑了，眼里却含着泪。

高中里最后一场三人篮球赛在火热的夏天进行。三个男生的皮肤晒得黝黑，他们之间说的话越来越少，默契却越来越多。他们把衣服塞进各自的背包里，把饮料放在书包侧面的口袋里；他们不再对我吆喝，不再让我给他们拿这个拿那个；他们争着给我背书包，争着给我买饮料……那个火热的夏天，满是谦和；却再也没有从前的热闹。

篮球赛以SYL队的获胜告终。我们去庆祝，喝得烂醉。路过冰店时，罗浩野站住了，他说，若干年后，冰店的墙上还会不会有我们写下的青春。

四周很安静。我们都没打破这份安静。树叶沙啦啦地响着，像有着无数心事。

果然，就在SYL队大获全胜的第二天，罗浩野给我们发来短信，他选择了出国；第二个离开的是尚天一，他被保送上大学，接下来的日子，他打算去农村学校体验生活；第三个离开的是喻佳佳，他因为父母工作调动，到西部一个城市上学。

以前从未想过生活会有什么波澜，波澜却真的来了，在这个火热的夏天，来得让我措手不及，我们的距离一下子拉得好远。我也从同学们那里知道了很多故事，罗浩野本来可以更早出国的，尚天一原来不爱打篮球的，喻佳佳可以不必去西部上学的……

夜深人静时，我听一首歌：天上的星星，为何，像人群一般的拥挤呢；地上的人们，为何，又像星星一样的疏远……

她和他都曾经是一只蛹，

都在孤单地锻造着自己，

艰辛地修饰着自己的丑陋，

就是等能量积累到足够的时候咬破厚厚的茧壳变成美丽的蝴蝶。

她和他又是何其幸运，遇到了能够互相鼓励、互相蜕变的对方。

虽然化蝶的过程充满了疼痛，

但蝴蝶毕竟还是在九月破茧而出了，

他们手牵手，那么美好，那么骄傲。

二等兵士要和九等天使一起骄傲

毕业时，摘掉九等天使和二等兵士的帽子

十七岁，她升高二。班里转来一个男生。

开学那天，班主任把他领到教室。一米六五的个子，九十斤的体重，小小的一张脸。整个班级寂静瞬间后，爆发出阵

阵哄笑声和敲桌子声，有人在闹声中嬉笑着说，他和她真是绝配啊。

她知道，说的是她。她是再平常不过的一个女生，平常到没有一个男孩愿意多看她一眼，因为她一米七的个子和一百五十斤的体重。在找不到奚落对象的时候，她总能成为他们最好的选择。

他站在班主任旁边，注意到只有她低着头，胖胖的身体挤在桌子和椅子中间，她的五官挤在脸上像一张没有发好的大面饼。她真是胖得没道理。

他来之前，她是每天早上第一个到校的，在操场上跑步、跳绳。她是希望自己能瘦一点的，看到班里很多女生都有男生追了，一个个笑得像天使，她却无人问津。她要努力减肥，她也要成为天使，可是现在的她，在男生嘴里却只能是九等天使。九等天使，离天使多么遥远啊，所以，她要减肥，要慢慢接近天使。

自从他来了，他便成为每天早上最早到校的，他在操场上跑步，一个人打篮球。他也是希望自己能长得高一些吧。所以，他每天在打完篮球后都会跑到单杠那里量一量，自己是不是长高了一点点。可每次，他都很失望。

不知道为什么，也许是他一个人打篮球觉得无聊。突然有一天，他说，一起打篮球吧。她就扔下了手里的跳绳，追赶起了篮球。

两个经常被同学们取笑的对象，在运动中找到了乐趣，也打开了彼此的心结。她知道了，他的理想是当一个军官，可是他个子太矮，如果在高三毕业的时候个头仍然不往上蹿，他连个士兵都当不上，他的军官梦就要破灭了。他就真要成为同学们眼中的二等兵士了。

听了他的理想，她忽然像找到了境遇相同的战友。他们约定，以后每天都要一起锻炼，毕业时，摘掉九等天使和二等兵士的帽子。

你要有自己的骄傲，哪怕你是二等兵士

期中考试，她在班级排第一，在级部也排第一。只是，没有哪个男生愿意关注她的名次，她的成绩单埋在了她的体重之下。

她是有点胖，可是她学习多好啊。她的成绩使他羡慕不已。从小，他的成绩就总是在中下游折腾，他的爸爸甚至骂他是饭桶，吃饭不少，成绩不好，个子也长不高。

“很多女生是需要勤奋才能取得好成绩的，比如我。但男生跟女生不一样，男生只要一开窍，成绩就会噌噌地赶上去。你那么聪明，稍微用点心，考前几名肯定不成问题。”她说。

“你为什么要那么勤奋？”他问。他看到她每天早上在锻炼完身体后，就拿了书到阳台上学习。那个时候，同学们大概还都在睡懒觉呢。她是那么勤奋。

“我长得这么胖，也一直在减肥，可总是减不下来，大家

叫我九等天使，没有哪个女孩喜欢这样的称呼。成绩好，总算是自己的一点点骄傲吧。我希望在毕业的时候，能让老师和同学们都记住，我不是最漂亮的，但我是最优秀的，我要以全市第一名的成绩考上北大。”

她一脸憧憬地说着，他却深深地低下了头，北大对他来说那么遥远。

“你要有自己的骄傲，哪怕你是二等兵士。你有没有想过，如果身高真的不达标，当不了兵，成不了军官，你难道就不能找别的路走？”她说。

他是从小就立志当军官的，怎么可能说找别的路就找别的路。他也明白，身高不是他能控制的，军官的梦想太不现实，只是他一直在骗自己，也许哪一天，他的身高就达标了呢。

但说不清为什么，父母无数次劝他好好学习，他都不理不睬，现在却接受了她的建议，他要有自己的骄傲，可他的骄傲在哪里呢？他搜肠刮肚地想了一个晚上，也没找到自己有哪些值得骄傲的地方。当初她大概也是因为找不到别的特长，所以才拼命学习的吧？天亮了，他做出了决定，在未来的两年里拼命学习，也要让学习成绩成为他的骄傲。

他破天荒地每天早上提前半个小时起床，每天晚上推迟一个小时睡觉。他像变了个人，上衣口袋里装的都是记着英语单词的小纸条。

我怎么会喜欢上她呢，九等天使那么胖

期中考试后的测验，他前进了五名。老师表扬了他，他却看向她的座位，她在低头看书。

他们在教室里几乎从不说话，没有人知道他们其实已经那么熟悉，已经成为要好的战友。

第二天早上跑步的时候，她说："祝贺你啊，虽然迟了点。"

"迟也总比没有好啊，我是不是真的很聪明，名次竟然真的前进了。"他有点骄傲地说，当意识到她仍然是年级第一的时候，他的骄傲又一点点垂下来。

"我九等天使的眼光绝对不会错，像二等兵士这么聪明的人，要想考得好，并不是难事。"她说。

难得她看得起他。"等着吧，等我也考个年级第一给你看。"他想。

日子就这么过着。突然有一天，同学们都用异样的眼光看着他俩，老师也分别找他俩谈话，关于早恋，关于年纪还太小，关于以学业为重。

他一时冲动，顶撞了老师，"我们也没不以学业为重啊，我们做错了什么，我们不就是一起跑步、一起打篮球吗？"

学校让他写检查，他没理会。父母问他，他心烦意乱地告诉他们："我怎么会喜欢上她呢，九等天使那么胖。"在这句话说完后的一个小时里，他的脑子完全僵住了，他问自己，他真的没有喜欢过她吗？

他的顶撞，将原本很平常的事扩大，再扩大。本来在班里就经常受挤兑的两个人更加成为同学们的谈资，有传九等天使先爱上二等兵士，有传二等兵士为了让九等天使帮他补课，所以使出了恋爱这一招。

“她怎么会喜欢上我呢，我这么瘦又这么矮？不过想让她补课倒是真的。”他当着同学的面说出这句话的时候，她也只是轻轻抖了一下肩膀，他没必要这么说的。同学们反应却很强烈，原来是二等兵士为了让她补课不择手段啊。这一刻，他小个子的形象在她心里变得高大更高大。

他让父母帮他转了学。

自此，她每天清早一个人在操场上跑步、跳绳、打篮球，他说过，打篮球有助于减肥。班里的流言被越来越紧张的学习压力代替，她也没时间再去想自己究竟是几等天使了。期末考试，她仍然是年级第一。

二等兵士要和九等天使比骄傲

他去了哪个城市？哪个学校？他的学习成绩怎么样？

每天清早锻炼的时候，她总会想到他，一个人的操场，多少还是有点孤单的，尤其是在起风的时候。她往他家打了电话，“喂喂”的说话声，像是他妈妈接的电话。她拿电话的手抖了一下，背了早恋的罪名，打了电话又该说些什么呢？她挂了电话。

其实他离她不远，中间只隔了两条马路。但她不知道他在那里，他也从来没去学校看过她，没有给她打过一个电话。他也仍然跑步、跳绳、打篮球，这个时候，他也会想起她，孤单的操场却更加坚定了他的信念，他要实现自己的骄傲。毕业时他也要让老师和同学们看到，他不是最高最健壮的，但是所有学生当中最优秀的，他要以全市第一名的成绩考上清华。

有时，路过她所在学校的校门口，他会停下来看，门口张贴着每次考试的前二十名，她总是女皇一样稳稳坐在第一把交椅上。他在心里祝贺他，却又暗暗较着劲，九等天使可以做学校的第一，难道二等兵士就不能吗？二等兵士要和九等天使比骄傲。

高考发榜，家门口聚了一帮街坊，她成了全市的文科状元。市里的各大媒体纷纷到她家采访，她却背了个包旅游去了。

临近开学，她旅游回来，看到多日前报纸上登的一条消息，《今年高考出怪事　文理状元均无踪》。这个理科状元也跟她一样有个性吗？或许是因为长得不好看觉得上不了镜？

她仔细看完报纸，只觉得理科状元的名字好熟悉、好遥远，是他。妈妈告诉她，有个男孩来找过她，长得挺高的。她想，应该不是他吧。但她还是拿起电话，拨了他家的电话，一阵“嘟嘟”声后，她将电话扣下。两年不见，二等兵士大概早已不记得九等天使了。

兵士要和天使一起骄傲下去

她坐上了去北京的火车，一上火车她就睡着了。直到终点站，她才醒来。

开学后的第一个周末，几所高校一同举办迎新生活动。她梳好了头发，穿上棉质的花裙子。

当她出现在台上的时候，全场哗然，又瞬间安静，她朗诵了自己写的诗《假如我是天使》。很多同学在说，如果插上翅膀，她就是天使了。

她愣住了，他们说她是天使，而不是九等天使。两年的时间，她的变化有这么大吗？她正在遐思的时候，听到了一首歌，旋律很自然，声音很熟悉，她觉得气氛不对，望向那个声音，是他，正望着她。

主持人做着介绍，他作为清华大学的新生代表，刚刚表演的是自己写的歌《拐角遇见你》。长发飘飘的他，引得无数女生尖叫。

下得台来，他径直走向她。哇！男生女生看着这对备受瞩目的新生，忘情地羡慕着。

一年多不见，她发现他猛地就蹿高了，挺拔的身姿，干干净净的一张脸，没有了曾经的忧郁。

“真不好意思，如果当年不是我劝你寻找别的骄傲，你可能已经在兵营里做着军官梦了。你的个头已经严重超标了。”她轻松地说。

“如果没有你，我可能到现在也找不到我的骄傲。”他说。

他发现她忽然间变瘦了，是的，她确实变了，曾经的婴儿肥被修长的身影代替了，她的五官也不再挤得像一张透不过气来的饼，她的脸清秀光滑，就像丝绸一样美好。

她小声问："暑假里，你来我家找过我吗？"

"是啊，知道了你的车次和车厢号，我换到了你的上铺。"她的脸倏地就红了，她睡着的样子竟然全被他看到了。

活动仍在继续着，他们却已经走在了校园的小路上，小路被月光掩映，叶子沙沙啦啦地响，掩盖了他和她的紧张和心跳声。

"为什么要考清华？"她问，清华对他来说是那么难，而且他还考了一个理科状元。

他说："地图上显示，清华是离北大最近的高校。"他意味深长地望向月亮，然后转向她，月光懒散地落在她的脸上，他就这么深深地看着她，二等兵士一直在等待着，要和九等天使一起甩掉这些标志着等级的帽子，兵士要和天使一起骄傲下去。

那场闹得沸沸扬扬的早恋又在她眼前浮现，一瞬间，她才明白，他对同学们说的话、他的转学，原来都是为了保护她。

他轻轻握起她的手："如果你不介意，放假的时候，再有媒体采访，我们就携手出场，我们是生活中的勇士和天使。"

她低头，含笑不语。

她和他都曾经是一只蛹，都在孤单地锻造着自己，艰辛地修饰着自己的丑陋，就是等能量积累到足够的时候咬破厚厚的茧壳变成美丽的蝴蝶。她和他又是何其幸运，遇到了能够互相鼓励、互相蜕变的对方。虽然化蝶的过程充满了疼痛，但蝴蝶毕竟还是在九月破茧而出了，他们手牵手，那么美好，那么骄傲。

时间让他们成为朋友，
又让他们形同陌路。
她回来就是为了寻找一个答案，答案尘埃落定，
纵然再不舍，也终究要翻过这一页。

螃蟹不要听狗剩说对不起

她坐在了他的右边

四年级下半学期，父母工作调动，她不得不离开大城市到奶奶所在的小镇上学。

转学第一天，她穿着印有黄色蝴蝶的白裙子，年轻的班主任向大家介绍，她叫解小胖。

班里马上响起一个男孩的声音："她是螃蟹家族的啊！螃蟹一，爪八个，两头尖尖，这么大的壳。"他站在凳子上得意地表演着，说到数字时，他就用胖胖的手指比画着，最后再将拇指和食指圈起来，不断重复着："这么大的壳。"

教室里的哄堂大笑朝她涌来。她羞红了脸，恼怒地盯着

他，他胖墩墩的，很有喜感，长着一双调皮的大眼睛，头发却像茶壶盖一样顶在头上。她被他的发型逗乐了，偷偷地笑起来。被她这一盯一笑，他竟然没站稳，从凳子上摔下来了。

又是哄堂大笑。笑的对象是他。他窘迫地从地上爬起来，老老实实地坐好。

她坐在了他的右边，却一直不和他说话。尽管他一而再，再而三地道歉。她和别的男生玩，偏偏就不和他玩。他道歉的次数多了，也觉得没趣，找别的同学玩去了。

学生堆中，他最受大家欢迎，同学们喜欢叫他狗剩。他在冬天里领着一帮男生玩打茧，茧是用木头刻的像蚕茧一样的两头尖尖的玩意，用一块木板打起一头，碰到木板上，拍向远方，他总是拍得最远。他还能弄来一块木板，从工厂里找来两个轮子，做一个滑雪橇，拉着女生满大街跑。女生们的尖叫声在大街上回荡。

她从大城市来，从来不知道下雪天可以这样玩。寒冷的冬夜里，她的梦里全是坐在滑雪橇上，他拉着她，她的印有黄色蝴蝶的白裙子满大街飞。

螃蟹，我们做好同桌吧

春暖花开的时候，男生女生一同去捉迷藏。

她藏着藏着，再也听不到同伴们的声音。叫了半天，没有人回应。她找不到回家的路，低头抹起了眼泪。

他从树洞里钻出来："我带你回家吧。"

她别无选择，跟在他后面，又生怕他生出鬼主意，把她带得越来越远。

他没有捉弄她，远远地，她看到了小镇的房子。他让她在一个玉米秸堆成的草垛后面等他。

她等到天黑，他还不来，她有点害怕，他一定又想戏弄她。正要离开时，他气喘吁吁地跑来了，把一只粗糙的木质鸟笼递给她，一只鹦鹉在鸟笼里蹦跳着。

她轻轻地往后一退，鸟笼掉在了地上。鸟笼在地上打着滚，鹦鹉在鸟笼里扑棱着翅膀。他捡起了鸟笼："这是送给你的。对不起，我错了。"

鹦鹉也学起舌来，一遍一遍地说着："对不起，我错了。"

看着月亮底下这个穿着一身绿黄衣裳的小家伙，她嘴角漾起一抹欣喜。

"螃蟹，我们可不可以好好地做同桌啊？"他说。

在鹦鹉面前，她投了降，原谅了他初次见面时的无礼。

他高兴地一蹦老高："明天是星期六，菇簟（gūdiàn）该发芽了，我带你去摘来吃。"

她不知道什么是菇簟，可既然狗剩说好吃，就应该好吃吧。

她起了个大早。他早就在榆树下等她了。他骑着破自行车，带着她穿过几片田野，终于在一个路边停下。他跳到枯草丛中，寻找着什么，忽然他的右手轻轻地在枯草里拔了一下，一支亮亮的带着白色皮儿的草就举在了他的手上。他拨开白皮，透出白白的心儿。"尝尝，可甜了。"他说。

她听话地送进嘴里，果然，甜丝丝的。

他教她如何在杂草中寻找这嫩得可以吃的菇簟，他还教她唱召唤菇簟出来的小曲儿：“菇簟菇簟，骑马路边。”

中午时分，他骑着破自行车载她回家。还没进小镇，他就被二妮叫住了。他支住了车子，让她自己回家，他则骑着车子颠颠地朝镇北去了，他要帮二妮找狗去。

回家还有二里路，她抱着摘来的一堆菇簟，不知道如何处置，犹豫半天，最终还是将它们全部带回了家。

奶奶看着一堆菇簟，唠叨着：“拿一堆茅草回来，能当饭吃啊。”她却当宝一样，将它们放在床头，舍不得吃。第二天，嫩嫩的菇簟却老得咬不动了。这才一夜工夫啊！

她生了他的气，怎么能为了帮二妮找狗而把她丢下不管呢？

狗剩跟她道了歉，他还带她来到槐树底下，三下两下就攀到树上给她折了槐花吃。白色的槐花，浅黄的花心，甜到心底。

狗剩偷偷地喜欢你呀

升入初中，他和她不再同班，不再做同桌。她变得羞涩，他已成为足球场上的红人，女生们热热闹闹地看他比赛，给他加油呐喊。

他和女生们打打闹闹，很多女生很大胆，帮他写作业，打扫卫生。优秀的男孩总是有很多人喜欢的，她把头深深地埋在胸前，她长得并不俊俏，也没有活泼的性格。她的心底像有棵翠绿的青草冒了出来。

其实，她是出色的，文章写得好，英语比赛拿奖多，她也备受男生们关注。很多男生给她写纸条，给她打饭，悄悄给她的自行车打满了气。她从不过问是谁做了这一切。她把大把大把的时间用在了学习上。

有时，他与她面对面走来，她都远远地避开。他旁边的男生便哄笑起来，还唱起小学时编的歌："螃蟹螃蟹，狗剩偷偷地喜欢你呀。"

他站在他们中间，穿着白色的球鞋，脚下把玩着一只足球。她以为他会制止他们，他却远远地看着他们恶作剧。

她羞红了脸，逃也似的回到教室，心跳得厉害。

他贪玩，学习却遥遥领先。她学习也遥遥领先，只是她不能像他那么贪玩，她要付出很多努力才能像他那样取得好成绩。初三毕业那年，他和她作为优秀毕业生代表上台领奖。接过奖状，他和她站在了一起。台下哄声四起，她那小小的心事在那一刻被放大，再放大。她面颊潮红，他却在台上吹起了口哨。

初中毕业后，她的父母要接她去大城市读书。临走前，他约她见面，她说："以后能不能安心学习，不要无故惹事端。"

他玩弄着脚下的足球，似乎看透了她的心事，他无所谓地把球踢向远方，"女生们喜欢我，我也没有办法。"

她讨了没趣，跟着父母来到了大城市。走时，不忘带上鹦鹉。每天鹦鹉都要说“对不起，我错了”，就好像是狗剩在跟她说对不起。她听着听着，就原谅了狗剩。

终究是回忆

高中毕业那年，她回到老家。

一个晴好的天气，她在院子里浇花，一个瘦高个儿推开了院门。她略微愣了一下，然后轻轻一笑。

来人是狗剩。

她还像从前那样，总爱低头不语。他变化很大，瘦高的个子，和记忆中那个胖乎乎、敦实实的他完全判若两人，她几乎认不出他了。

他坦白地说，她转校的时候，他是要跟她说对不起的，可自尊心作祟，他还是没说。

她等着他说，那时，他就喜欢她。她等着他说：“螃蟹，我现在说对不起算不算晚？我们已经要上大学了，你能不能给我一个机会？”

“夏小南，你怎么在这里啊？”一个声音打破了院落里的安静。“队员们都在K歌呢，一起去吧。”一个身材火辣、身着红色制服的女孩推门进来，手臂顺势搭在了他的肩膀上。

他丢下她，随着穿红色制服的女孩走了，和他的队员们去K歌了。

她坐在阳光里，看着他们远去的背影，然后，缓缓地闭上了眼睛。她希望回来遇到的是狗剩，她看到的却是夏小南。她的脚下，鹦鹉在笼子里不停地说着：“对不起，我错了。”仿佛在替他向她道歉。他何须道歉呢？他不再是当年的他，她也不再是当年的她。无论狗剩还是夏小南，留在她记忆里的都只是她臆造出的美好的想象而已。

时间让他们成为朋友，又让他们形同陌路。她回来就是为了寻找一个答案，答案尘埃落定，纵然再不舍，也终究要翻过这一页。

原来，高中三年，
我最大的收获不在于学到了多少知识，
而在于认识了张兰，
这个勤奋妞于不经意间送给了我很多很多无形的财富，
让我在自愧不如中看到了一点点方向。

勤奋妞　格子铺

动物园里甩出花鞋垫

每天，我都能看到张兰。普通得不能再普通的女生，一年到头穿的都是校服，夏天短袖，冬天长袖。就连春游，她穿的也是老一套，而在同学聚会时，如果不强拽着，她是坚决不参加的，即使参加，也不过待三五分钟，就匆忙地撤了。

同学们都不了解张兰，应该说没有什么闲情去了解她，她就那么独来独往着。要不是我喜欢的女生小绿跟她是同桌，而她又挡在我和小绿之间，我想，我根本不会注意到她。

我喜欢的女生叫小绿，我从高一入学就开始喜欢她。忘了说明，她和我一样，都是北京人，有着几乎一模一样的生活和升学轨迹。我们埋怨从小到大的春游，很多景点去了N次，没有丝毫的兴奋。说起这些时，我就感觉我跟小绿有共同语言。

又要春游了，地点在动物园。我叹了一口气，“哎，怎么又是动物园啊。”小绿也说：“老师，能不能换个有新意的地方啊。”

抗议无效！我歪头看小绿，想跟她商量晚上去哪儿打游戏，却看到了张兰，低着头不知想些什么，她旁边的小绿正跟后排的张子洋说得热火朝天。我醋意大发，拍了张兰一下，“哎，想什么呢？不过是去动物园，你能美成这样？”

张兰说：“动物园挺好玩的吧？我还没见过大象呢。”

我赶紧闭嘴，我忘记她是外地借读的学生了，难怪说到动物园会那么兴奋。

我们拗不过老师和学校，只得去动物园溜达。我和小绿走在后面，为的是多说几句话。张兰也走在后面，她拿着纸和笔，不时记着什么。小绿幽幽地笑着：“她可真是个勤奋妞，对什么都感兴趣，对什么都想了解。”

这时，前面传来老师的催促声，“后面的，赶紧走啊，不然该掉队了。”

我和小绿笑了笑，追赶着大部队。张兰也紧跑几步，不料，她不知踩到了什么，身子向前一扑，摔倒在地上。她的一只鞋被甩到了身后，鞋里钻出一只鞋垫。

“哇，好漂亮的鞋垫，是纯手工做的吧，你从哪里买的？”小绿没有扶张兰，倒对她甩出来的鞋垫特别感兴趣。

张兰说：“不是买的，是我妈给我做的。”

“真有水平呀，要是放在格子铺里准能卖高价。”

望着张兰一脸迷惘的样子，小绿解释说：“就是有一家店，店主把店里的格局打造成一个个标准尺寸的格子柜，客人可以把多余的有用的东西放在里面代卖，每月只支付一点费用。”看着张兰没听懂似的，小绿说：“改天带你去看看吧。”

她让我看不起我自己

春游回来，没隔几天，小绿拉着我去格子铺，顺便带上了张兰。

张兰本就是一个没有见过多大世面的人，对于格子铺充满了好奇，对格子铺里摆的形形色色的稀奇玩意更是一窍不通，小绿只得一一给她讲解，这个是Anna Sui试管香水，那个是相宜的面膜小样。张兰的眼神流露出满满的尴尬。

小绿买了相宜的面膜小样，她的脸上长满了痘痘。结账离开时，小绿对张兰说：“你把鞋垫拿到这里来卖，生意一定不错。”

张兰不好意思地笑着说：“这么土的东西，哪会有人喜欢。”

“这你就不懂了，现在的潮流是最土的才是最时尚的。”小绿又充当了诲人不倦的角色。

我看到张兰的脸唰地红了。我想，她最不喜欢别人说她“土”吧，就像小绿不喜欢别人说她脸上长痘痘一样。

也不过是一起逛了格子铺，也不过是小绿经常和张子洋聊得热火朝天使我醋意大生，或者解释为百无聊赖也可以，总之鬼使神差地我跟张兰熟稔了起来，对她的家庭背景也就略知一二。她家在外地农村，父母在北京打工，下面还有两个妹妹，都在老家。她说，老家很穷，父母在地里刨一年也刨不出一千块钱。她说，她周末常常和妈妈一起做小时工，每小时十五块钱。她说，如果不是穷，谁愿意拖家带口到外面打工呢！

我静静地看着张兰，尽管我不能体会贫穷对于她的影响，但她分明是与我完全不同的人，她知道生活的艰辛，她理解父母的不易，所以她努力学习，成绩在级部牢牢占据着前三名的位置。而我和小绿每天想的却是今天去哪里吃饭，周末到哪里K歌。我们的成绩说出来简直要丢死人，但我和她从来不担心什么，爸妈们会帮我们办理出国留学的手续，至于将来，爸妈们总会帮我们搞妥的。

然而，张兰的故事让我汗颜，让我有些看不起自己。

世界杯里的第一桶金

随后不久，就到了暑假，我和小绿到杭州玩了一圈。回到北京，消停了两天，又满大街地找新鲜玩意。

还是在那家格子铺，小绿要买一款新到的芭比娃娃，她选好后去付账，在柜台旁边的格子柜里赫然放着一叠绣着花的鞋垫。她一愣，问老板：“这个鞋垫是谁送来的？”

答案揭晓后，小绿张大了嘴，“张兰，她成了格主啦，她还真的信了我的话，租了个格子啊！她可真有意思！”

我白了小绿一眼，“人家靠自己吃饭，有什么好大惊小怪的。”

大概是我的话触怒了小绿，她从我手里一把夺过她的书包，出门拦了辆出租车就不见影儿了。我也懒得劝她，这么大的小姐脾气，要不是无聊，我才不愿意跟她一起到杭州玩呢！

我正郁闷呢，张兰来格子铺送货了，她的手里除了绣着花的鞋垫，还有用草编成的笔筒和足球钥匙链。这让我感到很新鲜，张兰说：“鞋垫是从老家的老乡那儿批发来的，足球钥匙链是我编的，不知道好不好卖，先送你一个吧。”

那草编的足球钥匙链，确实很好玩，我更惊讶的是张兰的商业敏感，这个夏天，没有几个人不看世界杯的，男生们早为世界杯疯狂了，她竟然从中看到了商机。

果然，钥匙链卖得出奇得好，有时，一天能卖上三四十个。钥匙链是草编的，原材料农村到处都有，最大的成本就是人工。张兰五元一个收上来，卖到十元一个，除去格子铺的成本，一个也能赚四块钱。张兰每天能赚二三百块钱。天哪，这个数字也太惊人了！

暑假结束，张兰赚到了她的第一桶金——五千元人民币。这下，别说张兰自己吃惊，我和小绿都目瞪口呆了！

张兰请我和小绿到必胜客吃饭，她说，如果不是当初我们带她到格子铺，她不会赚到钱，她甚至提出要跟我们分钱。我和小绿都拒绝了，却又都被她的纯朴和真诚感染了。

格子柜里也能写出大文章

开学后，我们升入高三。生活恢复正常，张兰埋头苦学，我和小绿若有所悟，去外面逛街的次数越来越少。后来干脆不逛街了。

闲下来的时间，我用来看书、补习英语。我不希望将来出了国连英语都说得结结巴巴，我不想把人丢到国外去，我也不想让张兰看不起我。那时，我已经不讨厌张兰了，可她只对学习和格子铺感兴趣。

我以为，我、小绿、张兰，我们三个人会相携着走完高中三年。没想到的是，小绿先出了国，下一个，将是我。留下的，是张兰。

小绿走的前一天傍晚，请我和张兰吃饭。小绿喝了一点儿扎啤，她说："张兰，等出了国，我就跟你一样了，是漂在外面的人了，你还好，在北京还能找到人说说话，我出了国，连个说话的人都没有，我想家，可怎么办啊！"

小绿说着，就哭了。张兰安慰她说："也没想象中的那么难，扛一扛，就过去了。"

小绿哭得更厉害了，她向我们道出了实情，她爸爸的公司破产了，本来她妈妈是要跟她一起出国的，现在只能让她一个人去了。小绿擦了擦眼泪，又说：“你是我们的榜样，我也要像你一样，出去一边读书一边养活自己，哪怕我出去租个格子柜呢！”

“呵呵，不要小瞧了格子柜，格子柜里也能写出大文章来呢！”这次，轮到张兰诲人不倦了！

永不言弃的勤奋妞

一个月后，张兰转回老家读书了，她必须到户口所在地参加高考。

偶尔，我会给张兰打电话，问她复习得怎么样，打算考哪所大学。

有一次，她告诉我，她不想参加高考了，她的妈妈病了，她还要挣钱供两个妹妹读书。

我说：“我可以帮你。”她说：“谢谢了，我可以帮助我自己的，大不了，再租一个格子柜，做个格主。”

挂了电话，我琢磨张兰话里的含意，她拒绝我，是因为她明白，我连自己出国以后的事情都顾及不到、左右不了，又怎么帮她。但她又是坚强的，就是呀，做格主有什么不好。

出国前夕，我又看到了张兰，她抱着一堆东西往格子铺里送，全是一些稀奇的东西，她说：“我来格子铺上班了，有固定的收入，再租一个格子柜，我和爸爸的收入足够养活一家人，老板允许我在店里生意清闲的时候看书，我想参加自考或者成考，总之，我不会放弃的！”

与张兰分别时，我才真真切切地感受到内心的不舍。原来，高中三年，我最大的收获不在于学到了多少知识，而在于认识了张兰，这个勤奋妞于不经意间送给了我很多很多无形的财富，让我在自愧不如中看到了一点点方向。

我想，小绿在出国时，一定也是这么想的。

我永远怀念，

那年的夏天，在一列飞驰的列车上，

两个女生的低语，像极了王家卫的电影。

电影散场，主角们各奔东西。

我们，亦各奔东西。

而所谓的历险，不过是一场心灵的惊心动魄。

十八岁，我们去历险

火车上的心事

十八岁，我们浑身有使不完的劲，我们觉得世界好大，外面好玩得不得了。十八岁，学校为我们举行了成人礼。自此，我们算是步入成人世界。

为了纪念我们的十八岁，高二（4）班准备在暑假组织一次历险，经过讨论，我们这些生长在皇城根下的孩子决定去内蒙古的大草原上策马扬鞭。

我们没有偷偷摸摸地上路，在征得爸爸妈妈同意后，有二十个同学得到了暂时的解放。夜里十点多在火车站集合时，大家一合计才知道，爸爸妈妈们说的话都好像串通好了似的，“好好玩一场吧，回来就该把所有精力用在学习上了。”“出去玩是可以的，但跟男生之间要保持距离，爸妈不是怕你早恋，要知道，高三你们就要分班了，要知道，大学里有大把大把的好男孩等着你。”

我们当然知道，回来之后，我们就不能这么轻松、这么悠闲了，我们要为上一所好一点的大学而拼尽全力了。

十一点，开往海拉尔的火车突突突地开起来，男生们挤在下层的卧铺和窗边的座位上坐着，大声地说着话、嗑着瓜子，女生则轻轻地咬着手里的小点心。

忽然，车厢里的灯灭了。该休息了。同学们三三两两地散去，回到自己的床铺上。男生不久就睡过去了，发出呼呼的鼾声。女生并不容易入睡，面对面躺着，隔着半米远也能小声地说话。牟洛跟我说：“冼赛，我喜欢景铄，我喜欢看他打篮球时的样子，我想和他考同一所大学，我想和他在大学校园里手牵手，我要告诉他，我喜欢他！”

我也喜欢景铄。我多想找一个合适的机会告诉牟洛，可她完全沉浸在自己的幻想中。我的话在口中含了片刻，还是硬生生地被我吞下，几乎哽住我的喉。我终于明白，为什么这次出游，牟洛与我一样热情地张罗，我和她的初衷，原本是一样的。

策马扬鞭的黯淡

从北京到海拉尔，坐火车要二十多个小时。最初的新鲜感过去，枯燥紧随而至。可牟洛不觉得乏味。她在车厢里跑东跑西，为大家接水，洗水果。我黯淡地坐着，她无非是想多跟景铄说几句话。

我懒懒的，蒙头睡觉。当黑夜再次来临时，我们再也睡不着了，牟洛又开始盘点她和景铄的事，无非是景铄多看了她几眼，她又跟他说了点什么。

凌晨五点，海拉尔到了。我们兴奋地从火车里跳出来。景铄还狼嚎一样喊了一嗓子。我们笑着说，到了草原再喊，没准儿能引来狼群。

当地的一个旅游公司的地陪来接我们，我们坐上了开往呼伦贝尔大草原的包车。车上，有导游为我们准备的早餐。牟洛细声对坐在前面的景铄说："我吃不了太油的东西，你帮我吃，好不好？"

景铄没有说什么，接过牟洛递来的早餐，朝我这边望了一眼，我迅速地低下头去，心却跳得乱了分寸。

好在，我的心跳在茫茫无际的大草原里恢复了原来的速度，我们在车里高声喊着："大草原，我们来啦！"

我们在金帐汗部落的蒙古包前下了车，我们像出了圈的马牛羊，喝下部落人端上来的美酒，便四散着奔跑在大草原上。我们真的在大草原上策马扬鞭了，只是，我的马跑得并不快，我胆小，怕摔下来。牟洛却不，她的马鞭抽得响极了，引得男同学频频起哄。

她的马跑啊跑，很快随着景铄的马奔向远方。我的心，也跟着去了远方。

半个多小时后，牟洛和景铄才骑着马回来。晚饭时，牟洛说，她跟景铄表白了。我问景铄什么态度。她说，景铄什么都没有说。她问我：“他是默许呢，还是不喜欢我呢？”我说我也不知道。

我骂我自己，怎么这么没出息，喜欢景铄就应该告诉他啊！为什么又让牟洛抢了先。

带着体温的创可贴

晚上有一个篝火晚会。游客们都可以参加。我们当然要掺和一把。

我和牟洛手牵着手，在篝火边跳着舞，男生们胡乱蹦着。反正，我们不是要真的跳舞，只要高兴，怎么扭啊跳啊都行。

跳累了，大家或坐或躺在草地上。头顶上，布满了星星。这样的夜晚，道不尽的浪漫。我看看身边的牟洛，月光下，她的脸上漾着笑。

闹到十点多，导游让我们早点休息，尤其不要乱跑，大草原望去都是一个样，分不清东南西北，容易迷路。再说，第二天还要去别的地方，晚上不宜闹得太晚。导游还嘱咐我们省着水用，这里水资源匮乏，等进了城，再好好洗澡。

一身汗，怎么睡得着觉。外面，柴油发电机突突突地响着，它总是没日没夜地工作，以供应周边的牧民用电。我们却被“突突突”声扰得睡不着。

有人敲了敲蒙古包的门。女生们警醒地坐起来，“谁？”

“是我，朱锐，我们商量一下，咱们去莫日格勒河探险吧。”

女生们迅速地一边商量，一边穿衣服。不消五分钟，我们已经悄悄地往莫日格勒河的方向前进了。哦，忘了介绍，莫日格勒河号称天下第一曲河，它发源于大兴安岭西麓，由东北向西南，流经著名的呼伦贝尔大草原，注入呼和诺尔湖后流出，汇入海拉尔河，全长二百九十多千米，属中俄界河额尔古纳河水系。莫日格勒河是一条河道十分狭窄，但却极度弯曲的河流，那河水非常活泼，东奔西跳地蜿蜒前行。我们所在的金帐汗部落就有河水流过。

朱锐提醒大家，不要走散了。但我们不理他，一路上，打闹声不断，男生装神弄鬼地吓唬女生，草原上一片欢腾。

到达河边时，我们尖叫起来。几个男生说要把牟洛扔到河里，牟洛大喊大叫，终究还是被扔到了河里，只是那河水，不过到脚脖，浅得很。牟洛乐着招呼大家，水很凉哦，舒服极了。

大家都踩到水里，果然很清凉。牟洛不安生地拿水泼景铄。这样一来，水上战争爆发了，每个人的身上都湿淋淋的。

在水里玩了一会儿，十一点多时，朱锐说，大家还是回去吧，若是导游查岗，发现大家都不见了，该着急了。

大家上岸，清点人数。点来点去少了一个。少的那个人，是我。

景铄急了："有谁看到冼赛了。""不会掉水里了吧，水里又没淤泥。"

景铄才不管水里有没有淤泥呢，扭头就往水里搜寻，连水边长长的草也不放过。这时，朱锐说："别找了，冼赛在这里。"

我的脚被东西扎伤了，疼得说不出话来。景铄冲到我面前，"你真欠揍。"说完，借着手机发出的微光，看我的脚板，已经出血了。他二话不说，从包里翻出湿纸巾和创可贴，给我的伤口消了毒，贴上还带着体温的创可贴。

景铄一言不发地做着这些，包扎完毕，也不管我愿意不愿意，背起我就往回走。

我趴在景铄的后背上，真希望他能一直背着我。而那时，我忽略了牟洛眼里的忧伤。

像电影一样的夏天

景铄把我背回蒙古包，才回去睡。

第二天，牟洛不知被什么虫子蜇了，胳膊肿得厉害。"必须马上把毒吸出来。"朱锐用命令的口吻说。但蜇的地方在靠近肩膀的地方，牟洛自己够不着。

关键时刻，朱锐二话不说，用嘴把毒吸了出来。牟洛揉着肿胀的胳膊，两眼通红。我知道，那眼睛里包含着对朱锐的感动，也有对景铄的埋怨。可是有什么办法呢，朱锐喜欢牟洛，牟洛喜欢景铄，至于景铄喜欢谁，还没有人知道。呵，真是剪不断，理还乱。

接下来的三天，牟洛明显疏远了我。有时，在对视的一瞬间，我都分辨不出她眼里的是不解还是嘲讽。这让我深感自责，我不该在那天晚上受伤，不该让景铄背着我，不该让牟洛难过。一切，却不可能再回到那天晚上。

高三，新学期开始，重新分了班。我、牟洛、景铄，三个人分到了不同的班，朱锐走了好运，跟牟洛一个班。

大概是不在一个班的原因吧，我和牟洛变得陌生了。随着学习压力日渐加重，那带着景铄体温的创可贴也没有让我一直惦念。

高三下半年，我和牟洛在楼道里相遇。我问她，跟景铄还有联系吗？她说，没有了，学习太忙，没时间联系。她问我跟景铄联系得多不多。我说，好久没有联系。

“嗨，你们聊什么呢？”朱锐笑着跑过来，牟洛说：“没什么，回教室吧。”

再没有其他言语，牟洛和朱锐笑着，走进高三（2）班教室。我忽然很难过，我和牟洛、我和景铄，我们曾经是最好的朋友，现在我们之间不过是隔着教室的一堵墙而已，而这堵墙却连我们的心也堵上了。我扭头，毫不留恋地回到高三（3）班。

高考结束，原高二（4）班的同学张罗着再聚一次，却因为很多人忙着出国，忙着旅游而搁浅。最后，大家在学校附近的小酒馆里吃了顿饭。不知是谁先提到那次远行，大家打开了话匣子，津津乐道地将每一个故事无限地夸大，听得人惊心动魄。我们说啊笑啊，眼里含着泪。

这一说一笑一泪，前嫌尽释。景铄喝多了，他当着所有同学的面说，他喜欢我。我笑了笑，和他干掉一杯啤酒。牟洛来凑热闹，陪着我们又喝了一杯。说是纪念属于我们三个人的夏天。朱锐强调，是四个人的夏天，说完，他也把一杯啤酒干掉了。

从那以后，我和牟洛联系得越来越少，但我永远怀念，那年的夏天，在一列飞驰的列车上，两个女生的低语，像极了王家卫的电影。电影散场，主角们各奔东西。我们，亦各奔东西。而所谓的历险，不过是一场心灵的惊心动魄。

而关于磁带的事，我也没有再提。

正如他所说，有些事留在回忆里就足够了。

我也是这么想的。

十九岁的最后一天

A

我和波波是从小一起抹着鼻涕、揩着泪长大的死党，能玩能疯能惹事那是出了名的，不过考试成绩也是出了名的，排名总是班里前两名。不管谁排在前谁排在后，我们都会击掌向对方表示祝贺。

小学、中学就这么走过来了。到高中的时候，我们都有了些变化，这些变化只有自己心里清楚。当然，周围的同学也和我们一样有了变化，于是，他们都会用异样的眼光看着高高帅帅的波波和他旁边那个其貌不扬的我。我们也都知道这目光的意思，但我们还是我行我素，他照样会在午休后来到我们宿舍楼下叫我起床上课，我也照样会把早餐买来等他一起吃。至于别人的眼光，随便！

下半学年，高考的前三个月，艺校到学校招生。我喜欢音乐，波波是知道的，在我还没做决定的时候，波波已经给我报了名。知我者，波波也。当时，心里真的是无比激动。

我需要到艺校过两个月封闭式的生活，这叫考前培训，培训很重要。于是我收拾了行李。

艺校离我们学校并不远，波波还是坚持去送我。一路上，一向喜欢边走边大侃特侃、滔滔不绝的波波竟然没说一句话。到了艺校门口，他将行李递到我手中，低着头说："我不送你进去了，好好照顾自己。"走了几步，他又跑回来，"这里有一盘你喜欢的磁带，给你。"

看着波波跑远了，我心里的难受化成了眼泪。我没有直接进宿舍，而是拖着行李来到小树林里哭了一个下午，我一边哭一边骂波波："你这个死波波，人家要在这个学校里过两个月的封闭生活，你也不说句安慰的话，也不说句来看我，枉我们还是死党呢！"

背后有人拍了我一下，"怎么了，刚来就想家了？"

我回头一看，一个巨帅无比的大男孩站在我面前。"没有啊。"我干脆利落地否定了，然后，擦干眼泪，拖着行李跑开了。

B

第二天上课的时候，我看到，昨天那个巨帅无比的大男孩竟然是我们的音乐老师，天哪，我差点没晕过去。不过，也无所谓，不过就是看到我哭了嘛，有什么了不起。

因为前因，所以，我一直避着他，就连他给我上小课，我也总是磨磨蹭蹭的，他终于忍不住发火了，“如果你只是因为那天我看到你哭才对我怀恨在心，那么我愿意把那天的事全部忘记。可是你，没有理由像老鼠见了猫一样地躲着我，学校也不会为了你而换老师的。”

听了他的话，我心里倒轻松了一些。再看他，他比我也大不了几岁，甚至还有点小孩子脾气。算了，我大人有大量，不计较以前的事了。

我乖乖地去他那里上小课，学得很认真。

半个月过去了，我才知道上小课的人只有我一个，我不明白这是为什么。同学们也都议论纷纷，什么老师喜欢她呗，为了让老师多教她点东西就不择手段。反正什么难听的话都说出来了。

推开他办公室的门，我说要和他谈谈。

他不动声色地喝了口白开水，“如果你只是因为听了别人的话来找我谈，那真是太没意思了，你的声音很有可塑性，我不想放过你的声音。”

原来是这样，我默默地退出办公室，同时心里却有了些许失落。

上完小课后，我们有时会聊会儿天。我问他，为什么要窝在学校里，不出去唱歌呢？

他说：“唱得好的人多的是，我算什么？”

我听了很不高兴：“你声音那么好，外形那么靓，你为什么不出去试一试呢？”他若有所思，没再作声。

那天的谈话就此打住。以后我们再也没有过那天那样的谈话。

两个月的生活结束了，波波来接我回学校，一路上，我们还是什么也没说。

C

接下来，复习功课，进入一级战备状态。

夏天已经来了，波波不再大声叫我午休起床了，只是在楼下等我。

我不知道发生了什么，反正，我觉得我只离开了两个月，波波就变了。

接下来，我们迎来了考试。谁都没想到，考试前一天我身上长满了红斑，当天夜里输液输到两三点，第二天，一上考场我就晕倒了。最终我被无情地推出了考场。

考完试后，波波来看我，他说他发挥得也不好，可能会名落孙山，我知道，他是在安慰我。

一个月后，他的录取通知书来了，他考上了北京的一所名牌大学。

那时候，我的身体已经康复了，我送他去的火车站，“难道你真的什么都不知道吗？”

他问我。

“你说什么？”

“磁带？”

“什么磁带？”

“没什么。”他尴尬地笑笑，“不要灰心，明年再考。”

“我会的。”

火车来了，我们互相击掌。随后，我看着火车把他载向远方。

然后，我收到音乐老师寄来的包裹，里面有一盒磁带，“小颜，我知道你喜欢音乐，也知道你向往那所艺校很久了，所以，我给你报了名。但是，我后悔了，因为，这将预示着我亲手将我们之间的距离拉开，为什么我们不能考同一所学校呢？对此，我没有办法，因为我对音乐真的是没有感觉，但是，你可以，大学里面也有很多搞音乐的呀！和我一起考同一所大学好吗？”这是波波的声音，他曾经对我说过这些话吗？为什么，我一直都不知道。

录音机还在转，“真对不起，当时在树林里捡到这盘磁带的时候以为是平常的磁带，就顺手放到桌子上了，直到昨天，我收拾桌子的时候，发现了它，这是一个男孩送给你的，你却把它丢了，那个男孩一定很伤心。现在还给你不知道算不算晚。忘了告诉你，今天晚上我就要离开这个城市了，去南方，因为，我也发现，我不属于学校，我应该属于舞台。其实，我只比你大三岁；其实，我挺喜欢你。”

D

没了下文，所有的一切都没了下文。只有录音机里还在唱着：“十九岁的最后一天阳光似乎也被带走，是否可以选择一个无悔的梦，十九岁的最后一天阳光似乎也被带走……”

看看日历，那天正好是我十九岁的最后一天，而命运仿佛捉弄人一样，在那一天里我的阳光似乎也真的被带走了，只是不知道是北方还是南方。

之后，我没有复读，我去过很多地方，寻找属于我的方向；之后，我写了很多关于爱情、关于年轻、关于未来的故事；之后，收到很多波波的信，它们在我家的信箱里不知睡了多久，信里面有开心也有不开心，而我们之间的那种说不清道不明的感觉也总是时隐时现；之后，我看到我的音乐老师出现在电视上；之后，波波有了女朋友，波波对我说，他女朋友经常指着他买回的杂志里的文章说，这个故事里的男孩挺像你的。波波说，他没有把我们的故事说给他女朋友听，也没有告诉她写文章的女孩是谁。他说，有些事留在回忆里就足够了。

而关于磁带的事，我也没有再提。正如他所说，有些事留在回忆里就足够了。我也是这么想的。

几次搬迁，洛泽的地址被弄丢了。

我再也联系不到他，

但一想到他，我就觉得心里暖暖的。

尽管不愿意承认，

但我们的青春的确是在飘摇不安中走过的。

好在，我们都是幸运的孩子。

我不知道，洛泽是不是也这么想。

我们是幸运的孩子

A

我叫巫小瓷，同学们都叫我小巫。我想，对于这个城市来说，我是一个异类。我的爸爸是外来务工人员，无端地，我就比别人矮了半截。

学期末，开入学以来的第一个家长会，爸爸穿着洗得发白的牛仔外套，和一条沾满白灰的裤子来到教室里，全班同学哄堂大笑，“大巫来看小巫喽。”一个男生的声音，硬生生地刺进我的心里。

那一刻，我的眼睛把爸爸盯得牢牢的。是的，是这个男人，他丢了我的脸。

回家的路上，我和爸爸一前一后地走着，我一声不吭，爸爸亦不说话。原本昏暗的路灯显得愈加昏暗，压抑得让人喘不过气来。到了家里，我黑着脸，一语不发。

爸爸做了我喜欢吃的鸡蛋面。他说："丫头，我知道你恨我这个当爸的没本事，但我从小在山沟长大，家里没钱，连饭都吃不饱，我怎么能像别人一样去上学，怎么能有文化、有出息呢？所以，丫头，你别埋怨我。"

我嚼着爸爸做的手擀面，那面筋道，比得上外面任何一家面馆做的面。那面被我吸得稀里哗啦，很快就吃了大半碗，我的眼泪顺着面颊滑到了卧着两个荷包蛋的碗底。

生活就是这么现实，是的，从小我就学会了必须面对现实：我的爸爸和妈妈离婚了。据说妈妈和一个有钱人走了。随后，爸爸也走了。临走时，爸爸对我说："丫头，等着爸去给你挣钱回来。"

我记得，此后无数个夜晚我躲在被子里哭得枕头都湿了。

爸爸这一走，就是四年。我从一个十岁的野孩子长成了初中生。

我们再度相见时，他愣了好一会儿，才叫着我的名字，"小瓷，小瓷，我是爸爸。"那时，我已经长成了一个羞涩的高个儿女生。

当时，我的眼泪也如同吃面时那样汹涌而出，我知道那泪水并不是思念，而是难过，难过为什么在我成长中最重要的四年里，爸爸的形象是一片空白。

B

对于同学们来说，我是一个借读生，这是不争的事实。

在七中，尽管我穿着和同学们一样的校服，走在校园里，也不会有人打听我来自哪里。但我知道，我和他们不一样。七中的学生家长非官即贵，我若是没有优异的成绩，七中断然不会给我把借读费打了折扣收留了我。即使这样，借读费也已经让爸爸几乎承受不起。穷，是一个不争的事实。

在我看来，我只是暂时栖身在这个城市。这个城市的阳光再明媚，也不是属于我的。

那个在家长会上喊着“大巫来看小巫喽”的男生，在考试后坐在了我的后面。他长得瘦且高，据说家境很好。但这些跟我没有关系，在他的声音硬生生刺进我心里的那一刻，我就告诉自己，以后不再跟这个叫洛泽的男生说话。

洛泽学习不好，经常挨训，高高的个子杵在楼道里，丢人丢得真是彻底。每次他挨训，我都冷眼看着，我想这是他应得的，一个在公众场合不懂得尊重别人的人，也不配得到别人的尊重。

可是那天放学，他竟然追上了我。他跟我道歉，他说不知道我是个借读生，他那天无心的起哄只是想引起大家的侧目，想让老师没有面子。

我隐约记起，在开家长会的前一天，班主任把洛泽叫到教室外面。班主任大声说："你爸有钱能怎么样，你能靠你爸一辈子吗？这么简单的英语题你才做对了四道，你羞不羞啊？"所以，他才借我在家长会上让班主任难堪。

洛泽低着头，他的影子在太阳下拉得很长，长得有些脆弱。

他说他也是借读生，只不过家里相对富裕一些，才拿了很多钱上了这所重点中学。

我说过，我不会再跟他说话。所以，我转身，消失在了太阳底下。

C

半年很快就过去了，我的学习成绩稳坐班级前三名。

我其实没有过多注意洛泽，只是无意中听同桌说，洛泽好像变了一个人，不惹事，不跟老师闹别扭了。

再去看成绩排名，他已经排在了十五位。他的成绩跟我没关系，只是偶尔与他面对面走来，他都扭身走向别的地方，他在刻意避开我。

我并不去深究原因。我过我的生活。夏天就这样过去了。令人窒息的事情发生了，我爸爸从建筑工地上摔了下来。

右腿骨折！

晴天霹雳！我急忙收拾了书包，赶去医院。

很意外地，在医院门口，我看到洛泽站在一辆黑色的轿车旁边。

我顾不得跟他说话，直接冲到二楼。

看到爸爸侧卧在床上，腿上打着绷带。我忍不住掉下眼泪。

有人扯了扯我的袖子。我回头看，是洛泽。

他把我拉到门口，急急地问我，家里是不是出了事。我说，这些不用你管。

洛泽走了。我蹲在病房门口泪流不止。

D

接下来的日子，我每天忙得团团转，做好了饭往医院送，买药，洗衣服，上学……

那时正值全国中学生科技大赛的关键时刻，我的研究项目已经进行了很长时间，是很有把握拿奖的。但是为了爸爸，我放下了研究。我已经失去了妈妈，我不能再失去爸爸。

我每天在医院—学校—家这三点一线间跑来跑去，正当我累得天昏地暗的时候，爸爸对我说，工地老板会派人来照顾他，让我安心研究项目，参加比赛。爸爸没有骗我，爸爸的衣服有人定时拿去清洗，爸爸的三餐有人定时送来。

我安心地去外地参加了科技大赛。因为研究过程比较扎实，我在答辩过程中又讲得井井有条，评委们一致肯定了我的研究项目。

最后的结果是，我得了二等奖。除了奖杯外，还有两万块钱奖金。

我觉得上天对我还是挺公平的，这些钱够爸爸住院的了。实在是大喜过望，我连夜赶了回去，我要把这个好消息告诉爸爸。

清晨七点，站在病房门口，我呆住了。洛泽竟然在。他拿着爸爸的饭盒，去了水房。

爸爸说，别愣着了，这段时间多亏了洛泽还有你的同学们。

我尴尬地说了声“谢谢”，事实上我是不希望这件事被同学们知道的，我不需要别人的怜悯，怜悯是世界上最伤人的武器。

“互相帮忙才是一个完美的班级啊。”洛泽的这番话惹得我的泪水都冒了出来。

E

爸爸的事故顺利得到了赔偿。

意外的是，赔偿金大大超过我们的预期。这笔赔偿金足够爸爸的腿痊愈，足够我高中三年所有的费用。

当洛泽出现在我们租住的平房门口时，我吃了一惊。他怎么会知道我家住在这里。

爸爸热情地招呼他进来。

洛泽走后，我听爸爸说，洛泽是工地老板的儿子。

“他跟我道过歉，说不应该当着那么多人的面开玩笑。他是无心的，无心的人无罪。”爸爸语重心长地说。

听了爸爸的话，我忽然有点讨厌自己。以前，大概真的是我太过于计较了。

再见到洛泽，他和我都能笑脸相迎了。洛泽告诉我，其实有很多同学都是务工子女的孩子，他们的心里都有如同我一样的感觉，即使是家里很有钱的洛泽心里也是自卑的，他自卑不是因为钱，而是因为他的借读生的身份。而我，却是真的为了钱。但我已经知道，有些自卑是由自己的内心生出来的，别人不会过多地在乎你。你想要快乐，便会得到快乐，那么，我没理由不快乐。如果只因自己是建筑工人的女儿就和快乐过不去，实在不划算。

我的心结慢慢打开，能够和同学们轻松自如地相处了。洛泽的排名也竟然像飞一样排到了第四名。他说，他曾经觉得他爸爸的钱会满足他的一切愿望，但他错了，钱买不到他的快乐和友情。

在一次春游的时候，洛泽告诉我，他爸妈早就离婚了，他没有一个完整的家，他觉得父母对不起他。从小，他就跟爸爸对着干，跟老师对着干，跟同学对着干，他敌视周围的一切。周围的人不爱跟他计较，他的敌视便成了常态。直到我来，直到他那一句“大巫来看小巫喽”脱口而出，直到我与别人截然不同的冰冷态度，才使他知道自己的敌视和无聊伤害了周围那么多人。

洛泽当然也直言，他是看到我的倔强和坚强后才感觉到人生还有那么多的希望和寄托。我笑了，如果我的存在能够带给一个人这样的感受，那还是很有价值的。

高三那年上学期，我转学到户口所在地，迎接即将到来的高考。在最枯燥的日子里，给洛泽写信成了我唯一的安慰。

后来，几次搬迁，洛泽的地址被弄丢了。我再也联系不到他，但一想到他，就觉得心里暖暖的。尽管不愿意承认，但我们的青春的确是在飘摇不安中走过的。好在，我们都是幸运的孩子。

我不知道，洛泽是不是也这么想。

因为贫穷，

你们看不起她，可是她有错吗？

她能够选择自己的出身吗？

如果你们出生在贫穷人家，你们愿意被人看不起吗？

再见，么么

她从来都是穿着洗得发白的衣服，上衣的袖子磨出了线，裤子没有一条是没补过的。我不知道她为什么要穿成这样。但贫穷让我们看不起她，没有同学愿意跟她玩，我们甚至把她当成了不吉利的人，看她迎面过来，我们宁可绕道走，也绝不与她正面相逢。

邋遢女生叫“什么”

九月已经过半，我桌子的另一端还空着。我有些着急，为什么别人都有同桌，偏偏让我一个人独坐？

旁边的座位又空了一段时间，我的同桌才被班主任带来。

她穿着旧旧的衣服、肥大的裤子、洗得发黄的球鞋，那头发更是像极了一把枯草，乱糟糟地堆在她的头上。

她在班主任的授意下做了自我介绍：“我叫沈么么。”

“她叫什么什么？”……同学们哈哈大笑起来，我也跟着笑，这个名字实在太有创意了，只是按在她的头上，实在委屈了这么好的创意。

她大概是被吓住了，介绍完自己的名字，再无言，只用手指绞自己的衣角。看样子，是一个没见过世面的人。

她被安排在我的旁边，她一坐下来，我就差点把早饭吐出来。不是我这个人爱挑毛病，但她是不是应该洗个澡再来上课啊，一身的酸臭味，一个女生家家的，怎么能这样不注意卫生啊。

我捂着鼻子，用圆珠笔在我们共用的桌子中间狠狠地画了道边界线，我可不能让她的脏衣服弄脏了我的笔袋，我甚至希望能有一堵墙，把她隔在我的视线以外，连同她身上的异味也一并隔离。

沈么么好像不在乎我和同学们对她的讨厌，她也不讨好谁，到点来上课，放学就急匆匆地离开。没有人知道，她这么匆忙是为了什么！当然，除了我这个同桌经常厌恶地瞥她，大概真的没有同学愿意多看她一眼。

沈么么来了没多久，就到了期中考试，这个不言不语的邋遢女生竟然一举夺魁，把我这个从小到大都在班级排第一的考试高手晾到了第二名。

我闷闷不乐地把试卷揉成一团塞进桌子里。输在她手上，我实在不甘心。我想，此时她心里一定兴奋得不得了，可我拿眼睛偷瞄她时，这个沈么么竟像我一样把试卷塞进了桌子里，脸上也没什么喜色。

我觉得奇怪，一向对她说话恶声恶气的我拉着脸问她："考了第一还不高兴？"

"有什么值得高兴的，学习再好都没用。"她幽怨地说。

我不知道她为什么这么说，凭直觉，我感觉她一定有秘密。

"什么"是个破烂王

我得承认，沈么么的学习确实比我好，但我也有比她好的方面，我的家庭条件比她好，我穿的可都是名牌啊，她全身上下的衣服加起来，不够我买一双鞋的钱。

我走在路上，男生的回头率可是百分之百。当然，她的回头率也不逊色于我，只是男生们看到她都会不约而同地发出"哟"的声音。

我得承认，我讨厌沈么么。但她忧郁的眼神和说不清道不明为何开学后一个月才来报到的原因，让我越发地好奇，更让我不解的是，班主任对她，竟特别好。

我决定跟踪沈么么，我要摸摸她的"来头"。虽然"跟踪"这事说起来不怎么光彩，但我对自己说，我只是想了解事情真相。

放学后，我骑着单车跟踪沈么么来到了繁华的商业街。

锁好单车，她就奔一家服装店去了。我心想，她看起来其貌不扬，没想到对商业街还这么熟门熟路啊。

不大一会儿，沈么么出来了，戴着手套，手里拎着一大袋垃圾，她吃力地提着垃圾走到街口最大的垃圾站。那些垃圾一丢进垃圾站里，就“嗡”地钻出一堆苍蝇。

倒完这家服装店的垃圾后，她又走进了另一家服装店，照例又抱着一堆垃圾出来……

我的大脑一下子懵了，这个沈么么该不会是给人家倒垃圾的吧？这一次，她倒完垃圾，干脆在垃圾堆旁边翻拣起来，一两分钟后，她攥着从垃圾堆里扒拉出的两个矿泉水瓶，两只眼睛放着光。

我的跟踪很有收获，五点放学后沈么么一直都在商业街抱垃圾、扔垃圾、捡破烂……

沈么么给商业街的最后一户店主倒完垃圾，已经是晚上八点钟了。她把一大袋子矿泉水瓶和破烂绑在她的破车子上，晃晃悠悠地去了市南区的废品收购站，卖完废品又骑车钻进了一条胡同……

我们成了好朋友

那天，我没有继续跟踪沈么么。我想，在那个胡同深处，必定是她的家了。

我晃悠悠地骑车回家，心中有一种说不清道不明的难受。我知道我受了刺激。回到家，我坐在宽大的沙发上，把头埋在抱枕里，这个“什么”让我感受到从未受过的刺激。曾经我和同学们一样嘲笑她，笑她土、笑她穷、笑她节约、笑她每餐只吃馒头……我甚至拿自己的家庭条件跟她比，是的，爸妈做生意，天天不着家，他们给足够的钱让我去买衣服、买零食，可这些都是他们挣的！沈么么，人家是自己挣钱啊！我却跟她比来比去，我的心胸真是太狭隘了！

一个晚上的失眠，直接导致我第二天早上的自习课迟到了。沈么么已经坐在了座位上，忙碌地写作业。

我放下书包，罕见地跟她打了个招呼，“作业写完了吧？借我抄抄呗。”

她说：“我数学作业完成了，语文作业还有几道题没做完，先把数学作业借你吧，不一定全对。”

就是这一个招呼，一下子拉近了我和沈么么的距离。我们有时会在一起讨论作业，我还把自己的课外书借给她看。虽然，她身上的异味还在空气中飘着，但闻起来已经不那么刺鼻了。只是，沈么么的秘密像一块石头一样压在我心里，仿佛我偷了她的东西一样。

我和沈么么成了无话不谈的好朋友，她跟我交了底：她不是本地人，她有个双胞胎姐姐，生下来没多久就死了，她是双胞胎妹妹，所以父母给她取名“么么”，在家排行老小的意思。

其他的，沈么么没有告诉我。但我猜，她的衣服一定是捡来的。有一次，我无意中看到她写的日记，她说她最大的心愿是能拥有一套校服。

多么渺小的心愿啊，我只要每月少去两次必胜客，就能帮么么买一套校服了。但沈么么又是那么倔强，她怎么才能接受我的帮助呢?

我伤了么么的心

最近一段时间，我开始注意节省。谁料到，我竟然跟沈么么形同陌路了。

事情是这样的：学校要举办主持人大赛，我形象好，人缘好，当仁不让地被同学们选为参赛选手，我甚至连获奖感言都想好了，做梦都是抱着奖杯朝台下挥手，简直风光无限。

没想到，半路杀出个程咬金——沈么么。让沈么么参赛是班主任的主意，还要我和沈么么PK。沈么么一言不发，同学们默不作声，似乎是支持班主任的做法，我觉得她抢了我的风头。

我的火一股脑儿地蹿出来，我说："她连校服都没有还能参赛吗？她的群众基础好吗？她参加比赛还怎么捡破烂啊？"

我的话让教室里的空气异常紧张，点根火柴就能燃烧似的。沈么么抬头看了我一眼，扭头跑出了教室。教室里炸开了锅，有的同学追了出去，有的同学对我指指点点。

班主任发话了："没错，她没有校服，她没有多少时间跟大家交流，她的群众基础并不好，但这能怪她吗？因为贫穷，你们看不起她，可是她有错吗？她能够选择自己的出身吗？如果你们出生在贫穷人家，你们愿意被人看不起吗？每个人都有自尊，沈么么更是这样，我们为什么不能用主持人大赛来鼓励她呢，还有那些奖品，那些学习用品对你们来说唾手可得，对她来说有多重要，你们知道吗？”

这次，低下头的是我！自责、懊悔……我希望同学们能把沈么么追回来！他们却都摇着头回到教室。

我去商业街找她，她的破自行车不在。一家店一家店找过去，没有她的影子。我身上起了一层鸡皮疙瘩，她不会想不开吧！

最后，我来到市南区的那条小胡同。小胡同里乱七八糟地堆着一些破烂，沈么么已经在家里了！这让我的心稍微放下来。

透过窗户，我看到她正在用煤球炉子做饭，她旁边的床上躺着一个女人，那个女人问：“今天咋回来得这么早？”

“明天我们要考试，我想多看一会儿书。”沈么么说。

“么么，以后别去捡垃圾了。妈的病，也不是一天两天能好的，能拖到几时算几时吧！早走早消停，去找你爸，省得活着受罪。”

“妈，你就安心养病吧，你治病的钱，我能挣出来。”

站在院子外面，我的眼泪啪啦啪啦地落下来。我恨我自己，怎么能说出那么伤人的话来，怎么能自私到不顾及沈么么的自尊？！

多想再见到么么

我放弃了主持人大赛。我把一身崭新的校服放进沈么么的桌子里，我还为她买了一双新款运动鞋。沈么么本来就不难看，她站在舞台上应该很打眼！

沈么么来上课了，我没有跟她解释什么，她迟疑了一下，也没有不依不饶地跟我讲道理，笑了笑，愉快地接受了礼物。我们重归于好。

让我难过的是，一个星期后，她没有再来上课。我去小胡同找她时，她家已经空无一物。她的邻居从屋里拿出一个包裹，说这是么么让她转交给我的。

我打开来，是我送她的校服和运动鞋。我还想从包裹里再找出点什么，却徒然。

沈么么消失了，没有人知道她去了哪里！我的生活中突然少了一个学习上的对手，少了一个能够让我时时反思的朋友。沈么么彻底消失后，我才感觉到她的重要。我开始怀念和她做同桌的日子。

那一年，我旁边的桌子一直空着。到了高二，学校换新课桌，我和么么的那张桌子被毫不留情地搬走了。

看着那张桌子离我远去，我忍不住掉下眼泪。我对着空气说：“再见，么么！”但再见不是再不相见，而是希望能够再次见面，能够当面对么么说声“对不起”！

当我渐渐懂得尊重别人时，我多想再见到么么。

第二章 青春里的悸动

天底下，

有人的地方，

就有相识，也有告别。

我来过，我经历过，

我走时，愿这个世界依然鸟语花香。

曾经的我以为分别了以后还可以再见，
却未料到时隔六年，光阴的故事就成了永恒，
只是那一串串红色的植物还开放着，
它的学名我已知道，叫荭蓼，对我来说，它也叫成长。

错过荭蓼花开

A

深秋，董奇奇，也就是我，踩着黄昏的温暖，穿过梧桐树，走向校园后门的小湖。湖边生长着一串串红色的花，半遮半掩地被纤弱的茎连着，像麦穗一样，只是柔软的，并不扎手。我折了一串放在手上。

多年前，我们都管这样的花叫一串红，因为实在想不出别的名字。多年前，有个叫洛峰的男孩把这样的一串红放在我的手心，对我说：“你就像它一样。”

那时我十三岁吧，将那一串红扔进了池塘，对比我高一

头的洛峰说："谁稀罕你这把草。"我望着池塘边一串串的红色，觉得扔出去的那串是那么廉价，洛峰怎么能把我跟这串红色的草相提并论呢。

洛峰是哥哥的同学，大我四岁。我承认我挺愿意跟着他到处玩的，只是很多时候我老爱跟他对着干。我不小心把邻居家的玻璃砸碎了，邻居找来，我指指屋里正在和哥哥讨论问题的洛峰，是他干的。洛峰无奈地骑着单车去镇上买了一块玻璃给邻居换上。我偷偷看他，他似乎不像生气的样子。

遇到麻烦能有个人背黑锅真好啊。我真希望洛峰能一直帮我背着黑锅，可是，他走了。现在，也应该二十六岁了吧。

我轻嗅着手中的一串红，它并无很香的味道，比起牡丹的浓郁差得很远，更无法比拟夜来香的妖娆，但它是洛峰留给我的最后的记忆。

"荭蓼。"路过的女生轻轻叫着，问我从哪里摘来的。我告诉她湖那边到处都是。我也问她，荭蓼是什么。她告诉我，就是我手中那串红嘟嘟的植物，她又把"荭蓼"两个字写在我的手心。

B

回到宿舍，我赶紧上网，查有关荭蓼的资料。这才知道，我手中那串不起眼的红色植物的学名真的叫"荭蓼"，关于荭蓼的诗词更是数不胜数。

"夏砌绿茎秀，秋篱红穗繁。终然体不媚，无乃对虞翻。”在宋朝文学家宋祁的眼中，蓼花是生于水边的高洁之花，这种花天性质朴，毫无媚态，宋祁还拿它比拟吴国时志向高洁的谋士虞翻。

十五岁时，哥哥的一个女同学喜欢上了洛峰，洛峰和哥哥商量怎么甩掉她。我听了，嘿嘿一笑，“你拼命对她好，她烦了，就甩掉了。”

洛峰揉揉我的短头发，“真是狗头军师，连这种点子也想得出来。”

从那天起，我总能看到洛峰和一个漂亮女生骑着单车上学放学，有时漂亮女生的鞋带开了，他还会弯腰帮她系。我在心里骂他，真没出息，为一个漂亮女生就低三下四成这样。

没隔几天，洛峰要请我吃麦当劳，他说：“傻奇奇，你还真是狗头军师啊，那个女生真被我甩掉了。”

我愣了，我当时只是随便说说的，他真的照着去做了。他对漂亮女生的好都是装出来的。

但我还是很乐意和他一起去吃麦当劳的，麦当劳爷爷又没招我惹我，我干吗不吃？只是，洛峰不吃，他静静地看着我，像有无数心事。

我吃了一个汉堡、两只鸡翅和两包薯条，外加一个冰淇淋……我吃得不亦乐乎，并不打算就此收嘴。

他说：“董奇奇同学，你得多吃点，你太瘦了。”我一边吃一边像小鸡啄米似的猛点头，心想，他这种人也懂得煽情啊。还没来得及夸他，他又补了一句，“垃圾食品最容易长肉了。”

我故作生气状，把汉堡里的粘有沙拉酱的蔬菜拿出来，丢到他脸上。他盯着我，把贴到脸上的蔬菜拿下来，放进嘴里“吧唧吧唧”嚼了，他说：“扔吧扔吧，以后看你还能欺负谁。”

我尴尬地笑了，因为我看到他嘴边粘上的白色的沙拉酱与他嘴唇上的暗紫色，对比是那么的强烈。他嘴唇的颜色一直跟我们不一样，为什么呢？没人告诉我，我也不知道问谁！

第二天放学，哥哥黯然神伤地告诉我，他的好哥们儿洛峰同学已经跟着父母去大城市了。

“走就走呗，你有那么多同学。”我没心没肺地说。

那晚，我躲在被窝里哭了。这个洛峰，走也不跟我告个别。

C

荭蓼荭蓼，当年，洛峰是想借着荭蓼来拍我的马屁说我有谋略，轻而易举地帮他赶走了漂亮女生吧，或者，他是真的觉得我天生质朴、毫无媚态，这倒是真的，我的性格是这样的。又或者，他是想借荭蓼暗示我什么？

大概他也未料到我天生对植物不感兴趣，我才十三岁，哪里知道荭蓼的这些故事，哪里会用心去想一株植物里所蕴藏的含义。或者他会捶胸顿足地埋怨我是那么不谙世事吧，他又怎么会知道，虽然我不知道宋祁的诗，但对他，我是心存喜欢的。

我每天都要到湖边望一眼荭蓼，一天的心情就会很愉快，偶尔会遇到告诉我一串红的学名叫荭蓼的女生。那天，她很神秘地告诉我，学校美术厅里放着一幅画，画的就是这种植物，她就是从画中才知道这种植物叫荭蓼的，她说，画中有一个女孩，很像我。

我狠狠地吃了一惊，跑去了美术厅，没有找到那幅画。我问管理人员，管理人员说那些画是以前的学生画的，昨天刚收起来，放在仓库里了。

我央求管理员打开仓库的门。

在落满尘土的一堆画中，我找到了干干净净的那幅画，一片荭蓼花含羞地绽放，似在风中摇曳，一个倔强的女孩，不屑地看着眼前的串串红。

那幅画的落款是：洛峰。

我几乎惊喜到发狂，洛峰是我的校友，这么说他前几年应该毕业了，他现在在哪里？

D

我要找到洛峰，因为我已经不是从前那个跟他作对的小女孩，跟他作对是因为我不知道那时他就喜欢我。如果见到他，我一定要问问他，那幅画是不是为我画的。

我知道这幅画是我能找到洛峰的唯一线索。我去学校同学会那里找，既然他是学校的学生，同学会那里应该能查到点蛛丝马迹。

没有人记得有洛峰这个人，但当我说起那幅画，便有人隐约记得曾有个男生经常坐在湖边看那一片植物。

我打电话告诉哥哥，我说：“你知道吗，洛峰有消息了。”

哥哥愣了："什么消息？"

我说："他和我是校友，是美术系的，我看到了他画的一幅画。"

哥哥赶紧让我住口，很郑重地对我说："奇奇，你已经长大了，我也不想瞒你了，洛峰在离开小镇的第三年就已经死了，他有先天性心脏病。"

我不信，我颤抖着握紧电话跟哥哥吵，我想起来每次我恶作剧都会气得洛峰嘴唇发紫，我以为那是他天然的颜色，我甚至用紫色的花去涂自己的嘴唇，也想和他一样。

哥哥在电话那头，小声地冲我呵着气，"嘘——"他说，"奇奇你安静下来，洛峰到大城市是为了治病的。你那时还小，我们怕你接受不了，所以不能告诉你。"

我突然想到他离开时，哥哥的眼神，是那么不舍和不忍，原来当年只有我不知道洛峰已经走在离开这个世界的路上了。

挂电话前，哥哥轻轻地说："奇奇，别难过，洛峰让我告诉你，他一直就喜欢你，他也知道你喜欢他，但他不能陪你走很远，他希望看到有一个人能够为你背黑锅，能够一直陪你到永远。他会在天上祝福你。"

我哭了，无声的泪。我在泪眼迷蒙中想起了宋祁的那首诗，"夏砌绿茎秀，秋篱红穗繁。终然体不媚，无乃对虞翻。"

曾经的我以为分别了以后还可以再见，却未料到时隔六年，光阴的故事就成了永恒，只是那一串串红色的植物还开放着，它的学名我已知道，叫荭蓼，对我来说，它也叫成长。

“在帮助你的过程中，我也成就了自己。

这就是对我的回报。谢谢你。”他说。

她笑了。

一朵小小的、单薄的棉花，

就在这样一个温暖的春天开放了。

花朵洁白，素面朝天，摇曳在芳草青青的春风里。

棉花摇曳在春风里

白色熊猫水壶和小个子男生

两岁的时候，她的母亲死了。父亲给她娶了一个后妈。后妈年轻漂亮，父亲什么都听她的。后妈让她干活，锄地、喂猪、放羊。

五岁时，后妈生了一个男孩，她成了姐姐，看弟弟的活也交给她。弟弟要是有一点闪失，她便没了晚饭吃。

她喜欢读书。后妈说，家里连饭都不够吃，还读什么书。她背着弟弟来到学校，站在教室门口听老师讲课。教室里的学生向她投来嘲笑的目光，她却看到一双明亮的眼睛，是一个小个子男孩投来的，眼睛里还闪着泪光。

她父亲来学校找她，她说，她要读书。后妈说，村头那二亩地就让她种好了，种出的钱就让她交书费和学费。

从一年级起，她的时间分为两部分，读书和干活，干活的时间比读书的时间还要长，她从来不喊累，能上学对她来说已是不幸中的大幸。

每年春节后，她就从田沟里一担一担地提了水去浇属于她的二亩地，歪歪扭扭地水洒了一路，她的鞋子很快就湿了。晚上脱了袜子，脚被水泡得发白发肿。到下一个星期，她就开始在二亩地里洒棉花种子。

七八月里，是暑假，棉花枝子和叶子向她围攻来，把她团团围住，她的脸、手臂和腿，被枝子和叶子划出一道道口子，汗水流下来，杀得生疼。可是，她还是对棉花那么充满着希望。她躲在棉花叶子的阴凉下给棉花打枝、捉虫子，汗水沿着脸颊淌下来，她顾不上抹一把。

她等待着秋天，望着满眼盛开的棉花，她心里充满了欣喜，这棉花里盛开着她的希望。

炎热的中午很少有人那么早下地干活，她却回家啃几口馒头就背着一个拣棉花的口袋小跑到田头，她小小的身影一钻进蓝天下广阔的棉花田里就看不见了。她必须早一些把棉花抢回家，她不容许自己的希望泡在雨水里。

那天中午，她拣完棉花，回到田边的时候，看到一个小小的白色熊猫的水壶，她看到一个熟悉的小个子身影往远处跑去。她拧开盖子喝了一口，真清凉。她知道这个水壶是那个有着明亮眼睛的小个子男生的。

他没有再帮她拣棉花

每天拣完棉花，那个白色熊猫的小水壶总会在田边等她。

不记得从哪天起，他把他的书包带来了，她迟疑地看着他。他把作业本和铅笔塞到她手里，抢过她的棉花口袋，他让她坐在田边看书。

他小小的身影钻进了棉花地里。她看着蓝蓝的天空下，飘过一朵白云。

以后，每天中午放学后，她和他都先回家吃饭，然后在棉花田里会合。她看书，写作业，他帮她拣棉花。

有时，作业少，她很快就写完了。把书本放在地头，她拿了书包沿着他拣的棉花的另一端朝着他的方向拣起。

每拣完一书包，她就把棉花倒进他的棉花包里，他看着她的脸，被烈日晒得红红的，可他从来不敢伸手帮她擦一擦，他只是夺过她的书包，不容分说地说：“你去看书吧，我一会儿就拣完了。”

她低着头，甩动着倔强的辫子，两只小手在盛开的棉花上飞舞着。

两行棉花拣完的时候，正是两人面对面碰头的时候。此时，他二话不说，把她书包里的棉花装进大口袋里，背到村口，放在村口的大槐树下。然后撒开双脚朝学校跑去。

他帮她拣棉花，一拣就是八年，他从一米三拣到一米六五，她从一米二捡到一米五五。他和她已经远远高于棉花田了。她已经完全能应付那二亩棉花田了。中学毕业前的那年秋天，他没有再帮她拣棉花。

她一个人站在宽广的棉花田里，心里有了些许的失落，白云也似乎失去了往日的欢实。

借给你的，以后再还我

他和她同时考上了高中，要到离家很远的镇上读书，还要住校。她家里依旧贫穷，弟弟上学也需要钱。尽管这几年她一直种着二亩棉花，可她的住宿费还是凑不够，她不知道应该怎么跟学校说。

入学当天，她在书包里发现了一个用橡皮筋扎成一卷的钱，她小心地打开，里面都是五块、两块、一块的人民币，还有一角的毛票，她数了数，一共是六十元。她四下里看看，又小心地收好。

中午吃饭的时候，只有他和她在。她走在他的面前，他用手拦住她掏钱的手：“借给你的，以后再还我。”

他家生活条件比她家好，但他每天的饭都只是馒头和咸菜。有同学叫他一起吃从食堂打的菜，他说食堂的菜不好吃，周末的时候回家再补点营养。

周末，他只在家待一个晚上，周六早上就回到学校。他对家里人说，他要回学校学习。

周末，她也经常周五晚上回家，周六早上就回到学校，她对家里人说，她也要回学校学习。

有一天，建筑工地上的包工头带着浑身是血的他找到学校，她认识那个包工头，她周末的时候在他那里打工，干的是推水泥的活。她以为他出了什么事。她听包工头道出了原委，他在他的另一个建筑工地上打工，干的也是推水泥的活，看到有人来偷工地上的钢筋，跟他们动起手来，工地上的钢筋一根也没有少。包工头给他包了一个两千块钱的红包表示感谢。

同学们问他，干吗要去工地上打工，他从来不做任何解释。寒冷的风中，汗珠从他的额头上滴下来，颗颗晶莹。

我欠你的，实在太多了

高考成绩揭晓，她和他同时考上了B城的一所重点大学。

她四处借钱，她找到舅舅家、姨家、姑家、叔叔家。眼看就要开学了，终究还是凑不齐钱。缺口有三千。

后妈说，干脆不要上大学了，已经读了十二年书了，女娃读那么多书还不是泼出去的水。

她回到屋里，呜呜地哭起来。她不能让自己的人生就此放逐在农村里，她更不想从此与他成为两个世界的人。

有人敲她的后窗，她推开窗，是他。丢给她一个信封。她捏了捏，分量很重。

她还给他：“我欠你的够多的了。”

“以后再还我。”他说。还是把信封丢给她，黑暗中留给她一个坚定的笑。

她打开信封，除了钱以外还有一张粉红色的火车票。钱，她数了数，一共是三千元。

她以为他给他们买了座位相邻的火车票，可是那天，她没有在火车上看到他。他辍学了？他出事了？他打工去了？一个晚上，她坐立不安、焦头烂额的，她的心里只惦记着他。

下火车的一瞬间，她看到他出现在车窗外，微笑在她满是乌云的脸上盛开了。

他提着她的行李，把她送到了宿舍楼下。把行李还给她，他转身，走在绿草青青的校园里。

他和她不在一个班，也不经常见面，但她从来都没有感觉到孤单。

贫困学生要申请奖学金了，她也拿了一张表格，但是思前想后，填好的表格却仍旧在她手上，她伤不起自己的自尊。

她坐在碧绿的梧桐树下。他来了，不声不响地交给她一个信封：“奖学金就不要申请了，总会有办法的。”她用手轻轻按了一下书包里的申请表，泪无声地就落下来。“我欠你的，实在太多了。”

“我说过，欠我的，你可以慢慢还。”他说。说完，他的身影消失在曲折的小径尽头。

她从他的同学那里知道，开学初，他提前几天来到了B城，找到了一份放学后到音像店打工的工作。同学们都说，真不知道为什么，他家看起来条件还不错啊，干吗那么辛苦自己。

单薄的棉花笑了

她没有申请贫困学生奖学金，她找到了一份家教的工作。第一学期，她取得了优等生奖学金，他也是。她的生活不再那么贫困。他却仍旧定期给她送钱来。

大三的时候，他再送钱给她，她对他说：“从现在起，你不要再送钱了。我欠你的，该还了。”

他愣了一下，沉重的信封落在了地上。他说：“不用还。”十几年前，若不是她出现在教室门口，他恐怕现在也只是一个拿上学当儿戏的农村青年，那时候他自恃家境富裕，看不起她，甚至鄙视她，但她学习好。他曾偷偷地跟着她，看她怎样拣棉花，怎样背着比自己还高的棉花布袋去收购站卖棉花。她家境那么难却仍旧坚持上学，本想捉弄她的他，被她的顽强打动了。

“在帮助你的过程中，我也成就了自己。这就是对我的回报。谢谢你。”他说。

她笑了。一朵小小的、单薄的棉花，就在这样一个温暖的春天开放了。花朵洁白，素面朝天，摇曳在芳草青青的春风里。

白澍和白薇，多么美好的名字。

只是我小小的心灵不够宽容，

容不下对方那么美好的名字。

今年，我已经十九岁了，

望着草地上开得正欢的淡紫色，我才懂得，

我和白澍原本就是一条藤上的两朵野豌豆，

虽然并不十分惹人关注，却是极具诗意地缱缱绻绻着，谁都离不开谁。

双生野豌豆

每年夏天，校园里总能看到浅浅的紫色，与鲜绿的小草杂生着，那些浅浅的紫色有着很好听的名字——野豌豆。我喜欢这些野豌豆，就像喜欢我和白澍。

A

她叫白澍，这个名字老有人念错。她央求爸爸给她换个名字，爸爸却说，那是家族里的规矩，起过的名字不能再更改。

上小学的时候，我到字典上去查，“澍”在字典里只有一种解释——及时的雨。多好的名字啊。我想不明白，为什么白澍这么好的名字、这么好的寓意，却不属于我。我只能叫白薇。可是白澍却跟我计较，说我有一个那样浪漫的名字，她只有被别人叫错名字的份儿。

从小我就和白澍穿一样的裤子，背同一款书包，上同一所小学，吃同样的早餐。人人见了我们都会说，这姐儿俩，真是一个模子刻出来的。

除了爸妈，只有我和白澍知道，我们不一样。我比她略胖一点，她比我文静一些，她的耳梢上有一颗小小的痣。还有，她比我的成绩好一些。日常生活中，得宠的是她。我自然是不服气的，总找些事情难为她。

上小学二年级，因为没背过课文，我被老师狠罚一通，爸爸也被告知下午到学校开会。午饭时，爸爸狠狠地瞪着我，“你什么时候才能开窍，才能像白澍那样让人省心。”

又是白澍，我斜着瞟了她一眼，她默不作声，安安静静地吃着米饭。

下午，语文老师急匆匆地抱着作业本往教室里走。门没关严，她咣地一推，只听“哗”的一声，一盆水从门顶上直泼下来。只一瞬间，语文老师的衣服就浇了个透。那一大摞作业本也哗啦啦全掉在地上，更逗的是那塑料盆在地上转了几个弯，停在了语文老师脚下。

“谁干的？赶紧站出来。不然今天的课都别上了。”年轻的语文老师大发雷霆。

同学们都憋住了笑。教室里静悄悄的，范姜突然站了起来，“是白澍。”

“白澍，你给我站出来，跟我去办公室。”

一整个下午，白澍都没有回到教室，不知道是不是被老师训了。

放学后，我因为没背过语文课文被留在了办公室。白澍也在。

爸爸来了，语文老师坐在那里纹丝不动，爸爸站着一个劲儿地赔不是。尽管如此，爸爸还是免不了被老师一通数落。我悄悄地抬头看，他的脸青一阵白一阵。

末了，我们跟在爸爸身后出来了。爸爸青着一张脸，只顾埋头走路，走至家门口，他才大声呵斥，“你们两个怎么一个都不让我省心啊。”

B

“泼水”事件之后，我和白澍都老实了很多。我实在没想到那么文静的白澍竟然干出了那么惊人的举动，她敢在太岁头上动土。

我们已经给爸爸丢尽了面子，我不想再惹是生非，我想要好好学习，不能让白澍总考第一名，虽然从班级第五名到第一名的路途是那么遥远。

白澍辅导我功课，我千万般不情愿，她却耐心得很，我一走神，她就拿出我考得只有六十五分的试卷来在我面前晃，直晃得我头晕。

白澍太瞧不起人了，我倒要考个高分给她看看。在她的辅导下，我的排名逐渐往上走。第二次月考的时候，我已经爬到了班级第二名。哇，离第一名只差一个名次了。

可就是这一个名次，我追了五年都没追上。我也不想追了，妈妈说了，一人一个命，一个萝卜一个坑，有没有前途也不全在于一时的成绩。

十四岁那年九月的一天，我路过传达室，张老头拦住了我，"白澍，有你一封信呢。"

"谢谢啦。"这些年，别人把我当成白澍，把白澍当成我，实在是太正常不过了。

我接过信，准备转交给白澍。一路上，我越想越觉得奇怪，谁会给白澍写信呢？她有笔友？她有恋人？

回家的路上，我把那封信揣在口袋里，想了又想，到家后还是悄悄地躲在房间里把信打开了。

"白澍：我可以叫你白澍吗？我注意你很久了。你的名次一直很高，排在级部前三名。我常常望着你的名字告诉我自己，我要努力学习，我要向你看齐。白澍，我们可以做朋友吗？"

天哪，末尾的名字那么熟悉！是他，是那个张扬的男生，高高的个子，留着寸头，没事的时候就埋头画画，据说他给

（6）班好多女生都画过画。他不是喜欢（6）班的文艺委员吗，怎么又喜欢白澍了呢？

不久后的一天，我看到了他，手里捏着一封信，走一步就跳一步，看起来很高兴的样子。

其实信的内容很简单："为了避免别人起疑，你把信写给白薇收转就可以。她会转交给我的。白澍。"

从那天起，每隔一周我都会收到他的来信。他生病了，他心情不好了，他学习有提高了，班主任罚他了……任何事他都跟我说。

我变了，变得稳重文静了，没事的时候，我都安静地看书。我以为我变成了白澍。期末考试结果公布，我考了级部第二十名，她是第三名，他第十五名。

他写信向我祝贺。我无奈至极，我怎么可能成为白澍，单是学习我就落后她一截。

C

正在我踌躇满志地以为我和他即将开始一场轰轰烈烈的爱情时，白澍悄悄告诉我，爸妈要离婚了。

白澍说爸爸有了外遇，是一个从外地回来的很有风情的女人，她涂暗红的指甲，穿纯棉的布袍，住在小城的一幢小楼里。

我和白澍骑着单车偷偷溜到那幢小楼附近，那是一幢华丽的楼，墙是红色的，栏杆镶着旧时的金色花边。我们远远地看着那幢楼里冒出缕缕炊烟，那个穿纯棉布袍的女人拿了盆脏水泼到路面上，她的腰身灵活，走起路来满身的衣服都跟着跳动。

“妈妈输不起的。”白澍跟我说。

一个家要破裂了，这对于我们来说是多么不可思议的一件事情。白澍说，绝对不能让这一幕发生。

期中考试，白澍考了年级倒数第一名。她的卷子除了自己的名字以外，其他的地方全是空白。

爸爸垮着脸，“为什么考这么少的分？”

“我要退学。”

“为什么？不缺你吃，不缺你穿，怎么落得这么厉害。”

“我要赚钱养妈妈。”

“混账。”

“你没有资格说我混账。”白澍甩过头，不正眼看爸爸。

妈妈一把搂住了白澍，“妈妈撑得住，澍澍不要难为了自己。”

白澍的事还没平息，班主任就到家里做家访了。我谈恋爱的事被发现了。

“他是谁？他是谁？两个孩子一个有出息的也没有，真是太不争气了。我看你们都不要念书了。”爸爸的肺一定被我们气炸了。

我给白澍递了个眼色，这正是我们要的效果。两个女儿都这么糟糕了，他还会再提离婚的事吗？

D

在爸妈离婚这件事上，我和白澍空前的一致，我们想尽了办法，就是为了阻止这场婚姻的破裂。

然而，我和白澍根本左右不了大人的事，任凭我们今天这个生病，明天那个离家出走，爸妈的婚姻还是走到了尽头。他们毫无争吵地离了婚。

我跟了爸爸，白澍跟了妈妈。从此住在城市的两个对角，来回一次都要两个小时。

我走进那幢华丽的小楼做的第一件事就是把她的纯棉的布袍拿剪刀剪了，我恨她。

“剪吧，没关系，你爸爸会给我买新的。”她不打我，以淡定的口吻压制我。

我恼怒了，抬手要给她一个耳光，她轻轻地闪过，冷冷地看着我，“我与你没什么仇，你可以把我当成朋友，但大人的事情，你们太小，懂不得那么多。”

她的声音很好听，我承认她比妈妈好看，她拿着香烟晃到我面前，说：“你旷课一天，也不怕落下功课。我儿子都要放学了，他倒是可以帮你补课。说真的，他是一个帅气的小伙子，说不定你会喜欢上他。”

小楼的大门被打开了，他站在门口。外面是风吹桑叶动。

我和他隔着十米，远远地立着，直到她走到我们中间站住，我才招呼也不打地“咚咚”上楼去了。

这是多么让人意外的事，他的妈妈竟然成了我的妈妈。

“白澍，我妈妈人很好的，她画了很多画，她是个有才气的人。”

“你妈多厉害，还会勾引别人的爸爸。”

“白澍，你不要这么说。我妈妈她……”

“不要再提你妈妈。”

我真的没心情说他妈妈的事，我在想的是，他根本分不清哪个是白澍，还说什么喜欢白澍！那时，我和他都转到离小楼近的学校上学，要见白澍不那么容易。她过得怎么样呢？

E

那年夏天，爸爸的公司要搬到广州去。我和他还有她都要一同跟去。走得匆忙，竟然没来得及和白澍告别。

新的环境、新的生活，我的心被南方的新奇紧紧勾住了，等我怀念北方的时候，冬天已经来了。

广州的冬天并不寒冷，绿色植物似乎来不及枯萎。我坐在高大的树冠下，仰望天空，不知道妈妈和白澍过得怎么样了。

白澍来信了，她说有一天她路过那幢华丽的楼，看到树底下坐着两个七八岁的小孩，她说她突然就想起了我，想起曾经我们也是这样互相依靠着试图去打探一些事情的真相。

我放下信，泪无声地淌出来。我和白澍，这两个见了面就吵架的双生花，不知不觉竟然一起走过了十四年时光。

他站在我背后，说：“我们回去看看白澍吧。”

我心里一惊，他早就知道我不是白澍？！

寒假，他带我回到了我们曾经生活了十四年的小城河团。从广州到河团坐了一天一夜的火车，我实在累极了，偎在他身边，我知道我不是白澍，但我觉得有这份温暖已经足够了。

那日，漫天鹅毛无情地飞着，我在一幢破旧的小屋里看到了白澍。她穿着厚厚的棉衣，灶台上煮着一锅稀粥，“咕噜咕噜”地冒着热气。

看着昔日样样都比我强的白澍，我突然掩面痛哭。我的姐姐怎么可能生活在这种地方，爸爸不是每月都寄钱的么？

妈妈盛了一碗粥给我，“你爸的钱都拿来给白澍看病了，白澍自小体弱，最近受了风寒，整日咳嗽，总不见好。”

我的心如针扎一般，我把口袋里的五百块钱都拿了出来。我打电话给爸爸，我要留在河团，我不要再回广州，我要陪着姐姐。

爸爸厉声说，你们赶紧回来，要过春节了，广州的春节热闹极了。

和白澍在一起的每一天，我都是快乐的，仿佛回到了少年时光，我们奔跑在雪地里滚一个大大的雪球，我们因为谁动了谁的作业本而吵来吵去……那些光景，都已经远去了。

我告诉白澍，他喜欢她，一直都喜欢她，我把他写来的情书都递到白澍手里。

白澍摇摇头，说：“广州太遥远了，我不知道什么时候才能去，这些信，你替我收好吧。”

F

我是被爸爸强行接回广州的，在火车上睡醒了就掉眼泪。

爸爸说："我跟你妈离婚时，是先让白澍选择的，她选择了跟你妈妈生活。"末了，爸爸无奈地叹了口气，"小时候你就喜欢抢白澍的奶喝，每次你都吃得饱饱的，她还饿着肚子。"

回到广州，没有什么事，我也不去她的房间，只知道她整日关在房间里画着油画。我和他每个周末都会到广州的大街小巷溜达。有一次我们走在公园前路，一直走一直走，路两边是密密麻麻的树，我们花两块钱就可以买一段削好的甘蔗。可我觉得这样的生活不是属于我的，应该是白澍的。

我一直以为，要再见到白澍是件很遥远的事。没想到的是，五年后，他的妈妈竟然去世了。那么好看的女人在最后半年里日益消瘦。纯棉的布袍和倾城的风情都化为乌有。

我哭了，是真真切切的哭。如果她没有害得爸妈离婚的话，我想，我会很喜欢和她做朋友。她长得好看，举手投足都是风情，再者，她待我不薄，她带我去逛少女店，逛一个下午也不嫌累。她去世，我若不掉眼泪就真是太无情了，所以我哭得那么厉害，连爸爸都吃了一惊。

她走了，爸爸把白澍接来和我一起读书。妈妈不放心，也一起来了。

我知道白澍和妈妈吃的苦，我想象不出妈妈会那么简单地原谅了爸爸的过错。直到白澍告诉我，死去的她原本是妈妈的妹妹，她们同时爱上了爸爸，后来爸爸到国外读书写了信回来，被妈妈藏起来了。爸爸回来时，她嫁了人。爸爸于是娶了妈妈。妈妈与爸爸离婚，不过是为了成全她，那时她已经生了病。爸爸带她到广州，不过是为了让她养病。爸爸寄回的钱，妈妈总是又寄回去，说是给她治病。

原来真如她说的，大人的事我们真的未必懂。但我把他写的情书都送给了白澍。她说："他现在是和我们有着血缘关系的哥哥，所以——"她扬开右手，向空中抛洒下来，那些情书纷纷落进了珠江。

白澍望着漂远的情书，若有所思地说："你那么喜欢白澍这个名字，但你不知道，其实我那么希望自己叫白薇。《诗经》里写'陟彼南山，言采其薇；未见君子，我心伤悲'。多好的意境，你还吵着换名字。"

听白澍这么一说，我对自己的名字也充满了好奇，上网查才知道，薇又叫巢菜或野豌豆，花紫红色，种子可吃，被古人赋予了很多美好的愿望。原来，爸妈从来未曾偏心于谁，起名字的时候就已经颇费了些心思。

白澍和白薇，多么美好的名字。只是我小小的心灵不够宽容，容不下对方那么美好的名字。今年，我已经十九岁了，望着草地上开得正欢的淡紫色，我才懂得，我和白澍原本就是一条藤上的两朵野豌豆，虽然并不十分惹人关注，却是极具诗意地缱缱绻绻着，谁都离不开谁。

忽然想到宋代诗人杨万里的诗：

“似痴如醉丽还佳，露压风欺分外斜。

谁道花无红百日，紫薇长放半年花。”

我还知道，紫薇有红、紫、淡红及白等颜色，

只有紫色是正色。

想必，有了这纯正的紫色相伴，

家诺一定不会再孤单了吧！

而我，亦在这份羞涩和胆怯中长大。

紫薇花开少年时

他的眼睛发着亮

初秋，校园里、马路边，到处可以见到紫色的植物，叶片互相交错生长，全心全意地接受着秋日的暖暖阳光。

这个初秋，我与无处不在的紫薇花不期而遇。之前，我只知道它叫百日红。小时候，弄堂前面的空地上种着许多百日红，奶奶说，这些小家伙们可怕痒了。我不信，伸手去动这些

小花，一时间它们竟然真的枝摇叶动，浑身颤抖，甚至会发出微弱的“咯咯”的响动声。奶奶说这种花也叫痒痒树。小小的花儿真的很神奇。

那是我到小镇上学后的第一个学期，因为爸爸妈妈工作的特殊性，他们要经常去全国各地，不能很好地照顾我，我被送回这个江北的小镇——我的奶奶家。

小镇家家户户都盖着二层小楼，有着尖尖地向上翘起的屋檐。有的屋檐顶上还会镶几只石狮子。奶奶说，这样的人家都是镇里的大户。

我就是怀着好奇心站在一个大户人家门口的，因为这家门前种着一株紫薇树，纯正的紫色，不加杂质。我踮起脚尖，扬起额头，看那一簇簇单薄的紫色身躯紧挨在一起轻声细语。我仔细地去听，听它们在讲着花儿的秘密。可就在我要闭上眼睛，用鼻子去嗅淡淡的花香的瞬间，“汪汪”的狗叫声愈来愈近，门“轰隆”一声被打开。我被大户人家门口蹿出来的狗吓得夺路而逃。

后面，传来一声稚嫩的呵斥声，“家诺，别叫，别叫。”

我感激地看了一眼那个声音，一个有着咖啡色皮肤的男孩，高高的个子。他的眼睛在阳光下发着亮。

家诺不是一条狗

九月一日，开学第一天。我背着从大城市买来的书包，哼着小曲往学校走去。我就要上初中二年级了。虽然我不喜欢这个小镇，但是对于新的校园生活充满了期待。

那时候我喜欢听的歌是张艾嘉的《童年》。因为奶奶家没有别的磁带，录音机里天天放的只有这一盘校园民谣。

那一天，因为体育课代表转学，我被选为体育课代表。上午，带队出操。在狭窄的楼道里，我看到了那双发着光的眼睛。这让我第一次在那么多同学面前带操不那么紧张了。

操场上，每个班的体育课代表都要报数，每个班实际多少人，缺席多少人，实到多少人。我正在拼命数的时候，有着一双发着光的眼睛的他告诉我，说全勤就可以，没有老师会认真去数的。

报数开始，他是初二年级第一个报数的，初二（1）班，体育课代表许家诺，出操人数五十人，全勤出操。

许家诺？许家诺？家诺不是一条狗的名字吗？我笑得快要晕过去了，好不容易语无伦次地将我的报数混过去。接下来的一个上午，我都莫名其妙地想到这个名字就笑。

仇人也要互相帮助

因了那双发着光的眼睛，这使我感觉我的初来乍到没有显得过于唐突。

其实，许家诺家就在我家对面，中间隔了一条街。但是，奶奶说，不准我跟他说话。因为在这个小镇上，莫家和许家是死对头。忘了交代，我叫莫小意。莫家也是大户人家。莫家和许家中间隔的那条街，是以莫家命名的，叫莫家街。许家后面的那条街是以许家命名的，叫许家街。

没办法，谁让我小叔是镇上有名的企业家呢，镇上有百分之三十的税收要靠我小叔上缴，另外百分之三十来自许家。许家和莫家原本无冤无仇，因为竞标买一块地盖厂房两家成了仇家。

但我管不了那么多，我觉得那天下午，许家诺的眼神里并无恶意，我喜欢看他在阳光下闪着亮的眼睛。我每天都在哼着那首老掉牙的《童年》："隔壁班的那个男孩，怎么还没经过我的窗前，嘴里的零食，手里的漫画，心里初恋的童年。"我每天盼着"像高年级的同学有张成熟与长大的脸"，我坐在冬日的窗前，听窗外吹过的风，风把我家大门打开了，我的玻璃上出现了张模糊的脸，雾气蒙蒙的，是许家诺的。

隔着窗子，许家诺问我："小意，你可以把数学课本借我一下吗？我忘记带了。学校大门锁了，我进不了教室。"

我犹豫了一下，奶奶正在睡午觉。我轻轻地打开家门，把数学课本小心地递到许家诺手上。

我想，大人的事，跟我和许家诺没有关系。我们是同学，老师从小就教我们，同学之间要互相帮助。

许家诺不见了

那是初二时的事了。放学路上，许家诺突然把我拦住。

"小意，我们是同学，我们应该是好朋友，大人的事跟我们没有关系。我希望初中生活能留下美好的回忆，这些美好能够一直陪着我们。还有，那些紫薇花，你若是喜欢，可以天天都去看。”

这些话是许家诺的心声，更是我的心声。可是，那一刻，我却突然逃了。

气喘吁吁地跑回家，关上院子的大门，我的眼睛却透过门缝看许家诺。他在紫薇花前站了好一会儿，才悻悻地进了他家的门。

关上大门的他，会不会也透过大门的缝隙张望着我呢？我不知道。

再次见到许家诺，说不清楚是为什么，我开始躲闪他。是怕心中的那份小心情被他发现，还是怕被奶奶知道后狠狠地训我一顿？还是心中已然生出了不安？

我仍然盼着，盼着许家诺每天都能经过我的窗前。

我的盼望在时间里变成了一出戏，一出自始至终都是我在自编、自导、自演的戏：我和他在我们一出门就会看到的那条街上相遇，然后我装作不经意地跟他说，我也希望在初中三年里能够留一些美好的回忆。

但是，这出戏没有人来回应。初三下学期，许家诺不见了。没有同学知道为什么，我也不能去问奶奶。我只能盼望着，哪一天，许家诺能再出现在我的面前。

穿着紫薇来看你

一个冬日，我被爸爸的车载去了大城市。车里还坐着一个陌生的女人。爸爸说，我们以后要在一起生活。

那时的我已谙人间世事。原以为父母是因为工作忙，我才被送到奶奶家。事实却是他们离婚了，谁都不知道要怎么处理我。

大城市里又是一个陌生的世界。新的世界渐渐代替了小镇上的画面。但那个叫许家诺的男孩到底去了哪里，这是我一直想要知道的答案。

大一那年的夏天，终于，我也可以像高年级的同学有张成熟与长大的脸了，我回到了江北的小镇。中学校园还在，学校的牌子却已经换成了科研基地。奶奶告诉我，学校已经迁到一处新址了，高高的大楼、崭新的桌椅。奶奶说，你当时可没赶上这么好的条件。

有这么好的条件又能怎么样，许家诺也不会再做我的同学了。我问奶奶："许家诺后来出现过吗？"

"他呀，你只能在小镇北面的土堆里看到这个孩子了。"

奶奶的话，让我吃了一惊。

初三那年，他消失的那段时间，是去大城市治病了。他上一年级的时候，一次体育比赛中摔伤，久治不愈，送到大医院，医生预计他活不过十六岁。他得的是败血症。

十六岁，十六岁不正好上完初中吗？原来他早就知道自己的生命结束于何时，他对我说的那些话，不过是想让自己在有限的生命里多拥有一些快乐。而我，却因了那份胆怯与羞涩没有给过他机会。

“家诺，家诺，慢点跑。”家诺的家人轻轻唤着。我的大脑顷刻间转回到初一那年的秋天，许家诺那一声稚嫩的呵斥声，“家诺，别叫，别叫。”

我怎么还能不明白，原来，他把狗狗叫作家诺，是希望他在离开人间的时候，人们在喊这只狗的时候，就能想到他，就像他一直就未曾离去。

“家诺，家诺。”我轻声唤着。家诺跑到我的脚下，摇着厚厚的尾巴。

在那个夏天，我于一夜间长大。我的裙摆上缀满了紫色的紫薇花，那些花朵是我用丙烯画上去的。我的脚步摇曳，令每一朵都开出了芬芳。家诺带我来到了小镇北面，我很容易就找到了那一处土堆。土堆周围，簇簇紫薇环绕，那些小花朵儿眨着闪亮的眼睛，痴痴地望向我。

忽然想到宋代诗人杨万里的诗：“似痴如醉丽还佳，露压风欺分外斜。谁道花无红百日，紫薇长放半年花。”我还知道，紫薇有红、紫、淡红及白等颜色，只有紫色是正色。想必，有了这纯正的紫色相伴，家诺一定不会再孤单了吧。而我，亦在这份羞涩和胆怯中长大。

第三章 小随笔

你以为生活再无希望了？

其实那都是老天对你的考验。

坚持，再坚持下去，

希望就在不远处等你。

从这一刻起你已经明白，
你的人生是由你自己的行为来决定的，
你若想拥有美好的人生就要自己去争取，去努力。

人生没有早知道

六月，是一个严酷的月份。所有考生都要涌入那扇叫作高考的大门，迈过去，就成为一名大学生，迈不过去，或者选择工作，或者选择复读，再或者选择自己做点生意。

年纪只有十七八岁，好工作能轮得到你吗？复读？当别人在背后说你是个复读生的时候，你心里不酸楚吗？也是可以选择做生意的，可是毫无生意经验，社会阅历不丰富，家人会放心给你投很多钱吗？

我听到很多年轻人跟我抱怨，早知道打工这么辛苦，复读这么没面子，生意这么难做，当年真该好好读书。事实上，六月份来临前，很多学生已经忙得抓耳挠腮，看看这张试卷，再瞅瞅那本摸底练习，一拍脑门，切，早知道考题这么难，我早就把打篮球的时间用来做题了，我早就认真复习了，我早就用心背了。

可是，当你在考场上大发感慨的时候，你已经错过了，已经不会再有时间让你回到过去去弥补你在“早知道”以后所造成的后果了。

当你喜欢上一个女生的时候，你走着坐着吃着饭心里装着的全都是她，什么作业、什么考试都抛到了一边，你总在琢磨她的心思，她喜欢什么颜色的花，她喜欢喝什么味道的饮料，她放学回家会走哪一条路。可是，突然有一天，她告诉你，她不喜欢你，她只是觉得你很善良、你人很好，所以不忍心打击你。但你还是受了打击，你痛定思痛，早知道她不喜欢你，你何必花那么多心思，浪费了那么多时间，耽误了那么多功课。眼看着高考即将到来，你追悔莫及，但，人生真的没有后悔药可以吃。

你看到有的学生在高一、高二的时候把你跳街舞的时间用在研究课题上，你笑人家傻，大好时光怎么可以辜负呢？你晃晃悠悠地走进了高三，却发现你笑话的那个人已经将某项科技奖收入囊中了，已经可以保送某名牌大学了。你仔细看了那项科技发明，你也曾经动过研究的念头，但当时你更钟情于跳街舞。你皱一下眉头，早知道这个科技发明能得奖、能保送，你早就研究了。但实在对不起，现实中，你晚了一步。这一刻，只是晚了一步，但对于将来，可能是几步，甚至几十步。

年少时，谁不想玩，晴天雨天都有美好的时光、都有足够的理由可以用来挥霍。可是，请千万别忘记你的身份，你是学生。高考虽然不是选拔人才的最佳方式，但至少目前，还没有找到比高考更合理的方式，除非你有过人的天分，否则，你如何绕过高考这道弯？

既然无法绕过高考这道弯，你为什么不在“早知道”之前让自己丰富起来，花点心思用在学习上，让自己能相对自如地应对高考呢？当然，你也可能是在高考以后才追悔莫及，才有了对“早知道”的认识，但“早知道”总比晚知道或者永远不知道的好。最起码，从这一刻起你已经明白，你的人生是由你自己的行为来决定的，你若想拥有美好的人生就要自己去争取，去努力。

“少壮不努力，老大徒伤悲”说的就是这个意思，从这一刻起改变自己，你会发现人生还是充满了希望。

真的别怕，
你或许就是下一个Rain、
下一个张爱玲，
你的自卑其实让你离成功更近了呢！

谁在青春不自卑

十五六岁时，物理成绩不好，被罚拿着不及格的卷子游班。学习成绩的败落使我整个人垮了下来。我自卑，极度恐惧，以为像我这样的女生，不会再有哪个老师喜欢了。

然而我错了，教语文的朱老师和教英语的管老师却仍旧那么喜欢我。我对语文似乎很有天分，即使在语文课上睡大觉，却依然可以考个盆满钵满。有老师喜欢我，语文成绩又不错，这是那段时光里让我最引以为傲的事。

直到后来，一位中学校友告诉我，我在十六岁的时候，其实是很受人注意的。那时要为元旦排练节目《让我轻轻地告诉你》，音乐老师安排一位姓乔的女生唱，我编排舞蹈。校友谈起这件事的时候，我才隐约记起那时的我其实很不甘心，我觉得我唱得也不错，为什么不让我唱呢，我根本不喜欢编排舞蹈。但少年时的我很自卑，长相不出众，学习不出众，很害羞，并且胆怯，没有勇气说出心里的话。

校友告诉我，她就是在那次排练的时候记住我的，因为骨子里表现出来的与众不同。她们甚至在宿舍的卧谈会里谈到我。我哑然，她怎么知道那些年里我的自卑寂寞和那颗渴望站在台上成为焦点的心。

后来走上了写作这条路，我仍然是自卑的，写得越多，读书越多，越发现能写的人太多了，太厉害了，他们有才情、有锐气、有悟性。少年时的自卑，浅浅显显地存在着。再后来，读了很多书，才知道原来很多名人少年时都曾那么自卑。

享誉文坛的张爱玲在她的少女时代就有一些自卑。在她的一篇散文《弟弟》中我们可以清晰地看到她对漂亮的弟弟又爱又妒的心情。张爱玲也确实称不上是漂亮的人，但多年后，成了众人推崇的谜一样的人，就连她的举手投足和那一身旗袍都被人拿来模仿。

那个七岁开始写书，后来写下了《骑彩虹者》《第一女生》等深受中学生喜欢的小说的作者蒋方舟也曾是个自卑的孩子。她的理由是少年时，她长得也不漂亮，也没有什么特长，琴棋书画全都不会，平凡得不能再平凡。于是，她只有在写作天地里证明她的实力。

再来说一说那个红遍亚洲的著名演员Rain，在出演电视剧

《浪漫满屋》后，他那眯成一条缝的小眼睛和那温暖的笑容打动了影迷的心，可他也曾经因自己的小眼睛感到自卑。

那个在二十年前不敢穿裙子、不敢上体育课、不敢跑步的张越，在多年以后，凭借自己的才气走上中央电视台主持人的岗位。

连列宁、拿破仑这样的历史名人也都曾因为个子矮而自卑过。西方近代哲学史重要的理性主义者斯宾诺莎说得没错：“自卑虽是与骄傲相对，但实际却与骄傲最为接近。”经过数年蜕变，那么多人由自卑的少年成长为备受瞩目的人物。

所以，自卑只是少年时的一段正常经历而已，当然也不能小看了自卑，正是因为有了自卑，那么多人才会生出渴望成功、渴望被关注、渴望独领风骚的念头。

真的别怕，你或许就是下一个Rain、下一个张爱玲，你的自卑其实让你离成功更近了呢！

生活当中，
可能因为一些事情的突然到来，
使我们的人生在某一段落并不顺利，
甚至偏离了原来的轨道。
为此，我们难免会抱怨，
为什么上天对自己如此不公！
也就在这时，有人选择沉沦，有人逆流而上。

“歪脖子”也有春天

阳台上有盆植物，这几天刚抽了新芽，十分可爱。新芽下面，是歪着的长长的茎。由于不知名，我就给它起名叫“歪脖子”。

几个月前，“歪脖子”生长在我一个朋友的办公室的花盆里，不知被谁碰着了，从大株植物上折断了，只依稀连着一点撕裂的皮。我看到它时，它的“脖子”已经被压迫得垂下来，一副营养不良的样子。

我把花盆里的土倒出来，剪断“歪脖子”与大植物缠绕在一起的根，用报纸把它包裹严实，抱在怀中离开。

那天，室外温度零下十摄氏度，还刮起了大风，尽管“歪脖子”躲在报纸里，叶子上面还是结了一层白霜。它肯定是受了不少的苦，所以，在我将它移入花盆后一个月的时间里，它不但没缓过来，甚至比先前更加孱弱，我曾经认为它可能活不了。

然而，“歪脖子”还是活了过来，伸展了叶子，长出了新芽。“脖子”尽管歪着，但明显粗壮了不少。正当我为它的生长暗自高兴时，它又蔫了。原因在哪里？我在给它松土时，无意中发现土里长了很多白色的线虫，它们聚集在一起，啃噬着它本就不太健康的生命。

那些虫子屡捉不禁，“歪脖子”日渐消瘦。我不得不买来一些杀虫药，狠下心来，把它们浅浅地埋在土壤中，静静地等待它重新焕发生机。

一个礼拜后，我再次松土，发现土壤里的白色线虫已经消失，“歪脖子”羸弱的身体也逐渐恢复，两个月后，竟开出一串怡人的花朵。

当花香扑鼻时，没有人会想到“歪脖子”经历了怎样的磨难。而它的成长，不正是我们人生的真实写照吗？生活当中，可能因为一些事情的突然到来，使我们的人生在某一段并不顺利，甚至偏离了原来的轨道。为此，我们难免会抱怨，为什么上天对自己如此不公！也就在这时，有人选择沉沦，有人逆流而上。

所以，我们看到，这世界上有很多人在面对困难时，脸上充满笑容，不是因为他们不怕困难，而是因为他们经历了困难，才懂得笑对一切。正如那株植物，“脖子”虽然歪了，但它仍然可以顽强地生长，甚至可以开出花，迎来属于自己的春天。

等到多年后再回头看，

或许会觉得当年的自己很好笑，

或许会因那些事小得都差点忘记。

俞敏洪的母亲说得对，很多事，真的没什么大不了的。

我却一直相信：山重水复疑无路，柳暗花明又一村。

现实没有那么糟

数学课上，你不小心走神了，老师当众批评了你，你不服气，回顶了几句。被惹怒的数学老师扔下课本，喝令你去教导室写检查。你横了起来，大不了不上这个学了。就在你背起书包回家的路上，你突然恐惧起来，不读书，你能去做点什么呢？你彻夜不眠，不知道第二天如何面对数学老师……

你考试考砸了，痛哭流涕，你那么用功，恨不得夜里睡觉的五个小时也用来读书，为什么还是没有考好，怎么办啊，怎么办啊……

因为一次值日，你和同桌吵了嘴，两个人谁都不理睬谁，这样的情况已经持续一个星期了。这个同桌是你的发小，是共同见证彼此一把鼻涕一把泪长大的，你自己都想不明白，怎么会因为她晚打扫了卫生就闹了别扭……

父母最近在闹矛盾，家里鸡犬不宁，你觉得生活无望了，他们要是离了婚，你就成了一个没有人要的孩子了，你该怎么办？……

很多现实问题摆在还是学生的你面前，你觉得压力很大，活着真是一件很累的事。但事实上，现实并没有那么糟。顶撞了老师，你可以跟老师说声对不起，为师者，不会那么小心眼跟你计较的；这次考试考砸了，你可以再努力，离高考还有半年呢，你可以将时间细划，将科目细分，拼命补习，现在发现了问题总比你到考场上两眼一抹黑的好；从小一起长大的朋友却因为打扫卫生这么点小事恼到一星期不说话，难道这么多年的友情还敌不过一次值日吗？！父母离婚，那是大人的事，你只要相信一点，父母是爱你的，即使离婚了，也不会不管你，他们是成年人，有再次选择婚姻的权利，在不影响到你健康成长的前提下，你要尊重他们的选择！

每个人，都会遇到那么多那么糟的事情。新东方的老总俞敏洪参加了三次高考才考上大学。两次落榜，第一次英语三十三分，第二次英语五十五分，俞敏洪自己已经决定放弃了。但是他的母亲听说县政府正在办一个高考补习班，四处找关系让俞敏洪上这个补习班。母亲对他说：“再考一次吧，没什么大不了的。考上最好，考不上就回来种地，吃不了啥亏。”就是这一搏，他竟然考上了北大，还是西语系。

二○○○年，我在鲁迅文学院学习，当时灵感来了，夜以继日地写我的长篇小说《雨后的阳光》。结果某日清晨，我欣喜地打开电脑，发现文档里一个字都没有，大概是我在头昏脑涨的时候不小心全部删除了。那是一台老式的康柏笔记本电脑，功能少得可怜，没有恢复功能，我也找不到恢复删除文件的软件，或许有，但我是门外汉，不懂。接下来的几天里，我悔恨、埋怨自己。但那五万字没有因为我的抱怨而回到电脑里。我只得一字一字地敲，在这个修复的过程中，我不断地对小说的人物和情节再打磨、再丰富，反而觉得第二遍写得比第一遍要好得多，真是因祸得福。

所以，发生了糟糕的事情并不是件坏事，事实上所谓的糟糕只是那时那地的感受。等到多年后再回头看，或许会觉得当年的自己很好笑，或许会因那些事小得都差点忘记。俞敏洪的母亲说得对，很多事，真的没什么大不了的。我却一直相信：山重水复疑无路，柳暗花明又一村。

第四章 长阅读

无论人生经历了什么，

都要知道，埋怨是最没用的东西。

唯有笑靥如花地面对生活，

才不会再让人生留有遗憾。

假如没有叛逆期，

她就不可能体会妈妈的良苦用心；

假如没有叛逆期，

她也不可能知道长着满脸青春痘的顾问心地是那么善良；

假如没有叛逆期，

她就不会在经历黑暗后看到未来的光明。

假如没有叛逆期

A

"一二一，一二一，一二三四——"早上七点，三中的校园里已经响起阵阵跑操声。

"高一（4）班，领操的女同学出列，到操场边上站着。"新来的顾校长声音很大。同学们纷纷侧目，继而在队列中寻找高一（4）班那个领操的女同学。当看到她时，所有人都明白了些什么。

三中是这个小城的一所高中，学生来自小城的四面八方，大多是没考上一中、二中的，学习成绩也大多在中等偏下。虽说校园里不乏努力学习的学生，但更多的是像戴凌霄这样高不成低不就，想努力又懒得努力，想奋发又不想下功夫的学生，加之学校的学习氛围并不算好，戴凌霄也就当一日和尚撞一日钟，有时候连钟也懒得撞，以头晕为由请假在家，有时上网聊天，有时拿出画笔画画。她喜欢画画，妈妈给她的零花钱她都偷着报了美术班。

妈妈担心她的身体，带她去医院。一路上唠叨不休，说她这是为了逃避上学，说她没病装病，说她真是一个让大人头疼的孩子。

妈妈唠叨的都是事实，只是戴凌霄的小算盘被戳穿觉得很没面子，一路上跟妈妈呛呛："我是真的头晕，我没装病，你不能这么说我。"

两人呛呛了一路，吵得口干舌燥。一直到医院才停下。医生是个上了年纪的老大夫，简单问了几句，说是睡眠太少导致，她不以为然，妈妈让她每天早点休息，她却日日不到夜里十二点不睡。夜猫子戴凌霄晚上不睡不是为了学习，是上网聊天。同学在网上跟她聊天，她若不聊，显得自己不合群，所以不管在做什么，她都聊上一会儿。这一番东拉西扯，已经到了十一二点。作业还没做完，她想先睡会儿再写作业吧。这一睡，就到了早上六点钟，上学肯定要迟到。戴凌霄拿不定主意去不去学校。到了学校，老师肯定得批一通。如若请假不去，还能逃得了这一劫。她这才说自己头晕，没想到妈妈会真的带她去医院。

戴凌霄这样的做法在三中并不新鲜，学生们变着花样请假，家长们没有办法，老师们也拿他们没辙。老校长被一拨又一拨学生折腾得够呛，终于熬到退休，告老还乡了。

新来的校长四十多岁，姓顾，据说是名牌大学的博士毕业生，很想在学校大展拳脚。顾校长一上任就开始发狠，开始了“抓纪律、促学风，创建和谐校园”主题教育活动，还天天跟着学生们跑早操，只要学生们风雨不误，他就风雨无阻。

顾校长这天抓出的典型是戴凌霄。原因？当然不是她前天请假的事。而是今天戴凌霄非但没有穿校服，还穿了一条牛仔裤，穿牛仔裤也不算什么，要命的是她牛仔裤上有两个大洞，谁让她妈没给她买她想要的破了洞的牛仔裤呢，她只好自力更生了，结果一不小心割成了大窟窿，早上起床又起得急，她看也没看拽了条裤子就穿上了，把牛仔裤那两个窟窿的事给忘得一干二净。

大庭广众之下，戴凌霄成了反面典型。班主任只好临时带队跑操。

戴凌霄听见跑操的同学路过她时那杂乱的脚步声里掩盖不住的“哧哧”的笑声。她低着头，尽量不去看一支支路过的队伍，但还是觉得这样晒在操场上很丢人。她心一横，跑出了操场。

B

看着戴凌霄跑出操场，班主任心急火燎地交代其他学生带队，跟着跑了出去。

“戴凌霄你给我站住！”班主任大喝一声。

戴凌霄稍微犹豫了一下，脚步由快到慢，及时收住了。

“你平时在家穿什么我管不着，但你到学校不穿校服，这就违反了校纪校规，校长点名过分吗？校纪校规存在的意义就是为了让大家遵守并且执行的。”

“我早上起得太着急了，穿错了衣服。”

“为什么不早起十分钟，为什么不在睡觉前把第二天要穿的衣服准备好？”

“我不就是穿错了衣服嘛！”

“不就是穿错了衣服？你回去好好想想说这句话时你心里真正想的是什么？！”

戴凌霄不知道要怎么回答。理论上说，班主任说得有道理，但感情上，她就是不容易接受。

“行了，你回教室，但是事情还没完，回去一定要好好想想！”班主任生气地瞪了她一眼，急忙往操场上跑去。

好好想想。班主任让她好好想想，可是她想什么？她只是觉得自己很悲催，怎么就穿错了衣服，怎么就撞了霉运，怎么就给班级扣了分，怎么就让同学们看了笑话？

C

“假设同学们都穿错了衣服？假设我们的同学都忘记把手机放在家里并且都忘记调成静音呢？虽然这样的概率很小，但是假设呢？”班主任总能抛出一些不着边际的话题。

讲台下的同学们面面相觑，班主任的用意是什么？只有戴凌霄心知肚明，班主任此话并非空穴来风，这是冲着她来的。

“那么我们的校园就变成了菜市场，我们的教室此起彼伏的都是手机铃声，同学们即使坐在教室里也根本上不了课。试问，如果没有校纪校规，在座的有多少个同学会自觉地坐在教室里上课？假设每个司机都对酒驾不以为然，那每天要发生多少车祸？而你们对不穿校服、上课玩手机、破坏校纪校规的态度却是无所谓，这样的态度非常可怕！”

戴凌霄只觉得额头冒汗，班主任这是借题发挥，在班会上杀鸡给猴看。“我这番话不是特别针对某个学生，而是开学初期我就发现同学们对校纪校规不重视，带手机的、上网聊天的，你们别以为我不说就是不知情。老话说得好，没有规矩不成方圆，同学们也是读过书的人，这句话不用我解释大家都能理解，我不管你们是从哪个中学升上来的，来到我的班，你们就得遵守校纪校规还有班规。”班主任十分严肃，面无表情地站在讲台上俨然就是一尊雕像。

“新来的校长的风格你们也领教过了，如果谁还打算继续对着干，我不阻拦，但是后果，你们自负！”班主任朝大家点了点头，示意大家好自为之的表情深深地刻在了戴凌霄的脑子里。

D

新一轮班级调位，戴凌霄被排在了教室最后面。

“以后咱俩就是同桌了。”

说话的是顾问，高个子男生，长了一脸青春痘，对谁看起来都很友好，喜欢打篮球，其他的戴凌霄一无所知。她也不想有所知，她对他并不感兴趣，她很怀念初中时期，那时她学习尚可，竞争也没有高中这么激烈，更没有小帮小派。

把她排在教室最后面，她觉得班主任是故意的，一是因为知道她复读的事，二是因为牛仔裤的事给班里丢了分，使高一（4）班的综合分数排到了年级第四名，如果不扣分，将会是年级第二名。

自习课上，老师还没来。戴凌霄坐在角落里，默默地打开了手机，随手打开微信，和初中同学聊起了天。没考上高中的同学，有的去打工，有的去学技术。去打工的还不到十八岁，只能去私人作坊工作，收入并不高，但因为能自己支配工资，不用大人管束，倒觉得很满足。去学技术的同学当中有一个学理发的叫温小虎，学了没几天觉得自己有了技术，邀请戴凌霄去店里染头发，说好了不收她钱。戴凌霄动了心，说不清为什么，她想去染个头发。

下课铃声响了，戴凌霄收起手机，望了一眼窗外，窗外乌七麻黑的混合着灯光和树叶，看不到天上的星星和月亮，就像她看不到未来的方向。这几天她内心有着隐隐的不安，她的妈妈鬼鬼祟祟地来去无踪。她妈妈的职业是理发师，开了个理发店，但自从开过一次家长会后，妈妈像变了一个人似的，经常躲在洗手间打电话。这太反常了，她在家就像只老虎，对爸爸经常吆三喝四，声音大得左邻右舍都能听到，怎么一下子变成了小花猫？戴凌霄判断，电话那头的人应该不是爸爸。还有几次，她晚自习回家路过理发店，理发店关着门。她想妈妈可能回家了，但是回到家，妈妈不在，打电话也不接。她曾猜测妈妈是不是跟踪她，但她在学校周围并未发现妈妈的身影。

妈妈出了什么状况？与她通电话的人是谁？理发店关门后她去了哪里？难道妈妈有了外遇？

E

周末，戴凌霄真的去染了头发。温小虎也真的没问她要钱。她的妈妈暴跳如雷，“身为学生怎么能染头发呢，赶紧染回去，黑色的头发多好看啊，你看我头发都白了一半了，想黑都黑不了。你妈我天天在理发店理发，染发剂的味多重啊，我都不想干这份工作了，你竟然去染发！”

戴凌霄直直地杵在客厅里，从镜子里能看到她的新造型，她的头发修剪得乱七八糟，齐刘海儿修成了斜的，颜色也不鲜亮。但她不愿多跟妈妈说什么，随便妈妈怎么数落，她都不回话。

然而，戴凌霄还得向妈妈求助，她遇到了十万火急必须求助的事。因为她几乎要毁容了。

F

戴凌霄的头皮痒得厉害，越挠越痒，越痒越挠。

妈妈一边骂她臭美，一边着急忙慌地带她去医院。

皮肤过敏了！

医生告诉她原因时，她脑袋一下子懵了，“我同学说这种染发剂不会有问题的，怎么会这样呢？”

医生白了她一眼，“染发当然会有危害，用廉价的染发剂危害就更大了，有些危害成分现在连科学家都还没发现，但能肯定的是染发过程中会有大量碱性物质进入毛发，会破坏原有的蛋白质和氨基酸，所以你看，你染后的头发已经变得干枯、失去光泽和弹性。从目前的症状来看，你这是染发剂过敏。年纪轻轻的，干吗要染头发呀？真不明白现在的年轻人是怎么想的。”

她真想手撕了温小虎，问清楚到底给她用了什么染发剂。但她又不能全怪他，人家又没逼她，是她自己想染头发的。

戴凌霄正兀自琢磨的工夫，妈妈已经帮她取了药，给她请了假，要带她回家吃药。

她待在家里，发微信骂温小虎。等了半天，没回话。

后来才知道，温小虎被辞退了，因为不守店里的规矩，屡次私自给熟人染头发。

“是我害了你。”戴凌霄倒有些自责了。

“不是，是我自己太自以为是、自作主张，店里是有规定的，谁让我带人染头发又不要钱呢。店长已经警告我好几次了。我都没当回事，以后得注意点。”

“你也是的，学校有规定，学生不应该染头发。得空的时候，再染回来吧。”

“知道了。”

戴凌霄默默地对着镜子，还是原来的黑头发好看啊。可是，还能回去吗？

她正暗自难受，微信又来了。这次不是温小虎，是顾问。

他问她怎么不来上学，是不是出了什么事。

她请了假，班里没有一个人过问。顾问是个例外。他还有点人情味。

她答：“染头发染得过敏了，不敢见人，在家吃药呢。”

“你看我不是一脸青春痘吗，形象差得不是一般的不好，青春不就是这样吗？青春期会过去的，过去就好了，有什么不敢见人的。再说，你再差能有我这满脸青春痘吓人吗？”

“我还是不想去学校。”

“就因为过敏？你往我旁边一坐，咱俩一对比，那简直一个是天使一个是魔鬼，你都是天使了还不来上课？”

听他这么一说，她倒真觉得没什么大不了，当下决定第二天去上学。但前提是让她妈把她的长发剪成短发，头上还必须戴顶帽子。

G

一天没来上学，又戴着帽子的戴凌霄来到班里，难免又被同学议论。

戴凌霄觉得所有同学的焦点都在她身上。关于她为何休学，为何不来上课，为何戴着帽子……她觉得脑袋嗡嗡作响，她想抬头正视这些议论，却那么缺乏勇气。

“你信吗？这议论不出一天，自然就停了，你看社会上发生那么多大事，不也就是两三天就没人再议论吗？你这点小事算什么！”顾问看出了戴凌霄的不自然，出于好心地安慰她。

“也许不会就这么轻易地过去呢？”

“放心吧，没谁那么在意你在做什么，就算有点议论也就是一时的，你不理它，它自然就悄无声息了。”

“你怎么知道的？”

“当年我就是这样的啊。”

“当年？你跟我的年纪不是一样大吗，怎么会有当年？”

“对啊，但我叛逆来得比你早，在初中就出现了，跟我爸叫板，老师布置了作业也不写，我妈说的明明都是对的，我就是听不进去，我只喜欢招摇过市的行为，怎么夸张怎么来，每天和高年级的男生一块儿玩，动不动就一群人呼朋唤友，要的就是呼风唤雨的感觉，好像那就是风光。总之，我当时的叛逆比你现在有过之而无不及。”

“后来呢？”

“后来跟我爸妈吵、跟老师闹，老师跟我谈了不知道多少次，还做我爸妈的思想工作，让我爸妈不要硬碰硬，要改变跟我的沟通方式。后来他们给我时间冷静，让我想清楚做每件事的后果，让我自己承担责任，后来也不知道怎么的，我慢慢觉得以前的我做的很多事挺不理智的，也许那时候是叛逆期吧，过了那段时间就好了。”

“你不是我，你不可能理解我的心情。”

“你有什么心情？”

“我其实已经休了半年学，这是我上的第二个高一了。”

“哦，休学不算什么吧？我上初中时，也有同学因为身体或者其他原因休学了，但是后来都继续上学了。”

“我休学的原因很复杂，哎，不愿再想。”

“你别话说到一半就停了，放学后好不好，放学后咱们去吃何记蛋糕，你顺便给我讲讲？”

“好吧。”看顾问这么想知道，戴凌霄只得答应了。

H

“我以为你有什么过不去的坎呢，不就是被几个同学误会了吗？”听完戴凌霄的故事，顾问哈哈笑起来。

“这很好笑吗？”戴凌霄面露难堪。她刚刚把去年的事情讲给了顾问。

那时她像现在一样不是住宿生，但班里只有她一个女生不住宿。那些住宿的女生经常一起吃饭，一起回宿舍，她们很快就熟悉了，很快就成了小团体，她很想融入小团体当中，但小团体似乎很排斥她。于是她独来独往，没有朋友，连没有记清楚作业想要找人问问都不知道找谁。这还都是小事，小团体的头儿李红飞是个不好惹的主，有一次戴凌霄与她擦身而过时，没主动跟她打招呼，她竟然诬陷她和高年级同学谈恋爱，还找小团体的其他同学做证，其他同学迫于她的恐吓，做了假证。虽然最后班主任查清楚此事子虚乌有，但她对女生的这种小团体做法相当鄙视，自动敬而远之。这使得她更加孤立。后来她知道李红飞之所以这么嚣张是因为有个高年级男生是她表哥，她表哥认识了几个社会青年帮她撑腰。戴凌霄既鄙视她这种行为，又羡慕她，关键时刻能有人帮她出头。这也是她愿意和初中毕业后踏入社会的同学来往的原因，她想让周围的同学知道她不是好欺负的。但谈恋爱事件一直在她脑子里挥之不去，成了一个心理阴影，她只要一想起李红飞策划的这件事，就不想待在校园里，就觉得这种看不见的坏很可怕。

“事情本身不好笑，是你对待这件事情过于较真很好笑。”

“难道不应该在意吗？你是没有我这样的经历。”

“我们只是经历不同而已。”顾问低头沉思了一会儿，说道：“那个小团体的头儿，就是叫李红飞的，现在怎么样了？”

“据说她表哥因为和社会青年打群架，被学校处分了，她虽然仍旧很嚣张，但已经收敛了很多，我和她不在一个年级也不在一个班，也就没有什么来往了。”

“所以呀，那些不守规矩的人，会有人去修理他们的，现在跟她没有来往，你的生活应该很平静才对。”

“但我总害怕曾经发生的事哪一天会再出现，所以我结交社会上的人，万一有人欺负我，我能找人帮忙。”

“你不需要社会上的人帮你，你完全可以多和班里的同学接触，同学们挺友好的，咱们现在的班风也很好，有些事大家虽然会关注、会议论，但你的耳朵没有确切听清楚别人议论的事，又怎么知道别人不是在关心你呢？”

“我以为是这样的。”

“都是你自己以为的而已，并不代表真的是这样，所以，是你想多了。你难道忘了孔老夫子的‘非礼勿视，非礼勿听，非礼勿言，非礼勿动’了？再说，同学们又不是傻子，谁是谁非还分不清啊？！”

“你还真有学问。”

戴凌霄说的都是真心话，她很佩服顾问，各方面都很优秀，相比之下，她差劲很多。她接着说：“也许是受那件事的影响，我重新上高一的时候心里就已经认定新班主任已经知道我复读的事，他已经对我产生了偏见，顾校长在跑操时抓典型也是针对我，班主任把我调到后面的座位也是故意的。所以我就想，既然给班级扣了分，既然自己学习也不怎么样，既然大家都知道自己上的是第二个高一了，索性就破罐子破摔呗。”

“可是破罐子破摔对你有什么好处呢？”

“当然没有好处了，但我就是想那么做。”

“跟我当年一样，有的时候不知道为什么，就想去做一些出格的事，但是我表哥跟我说，出格的事多数不是好事，所以在做出格的事之前先去打一场篮球，把不好的情绪宣泄出来，把心情调整好，然后再决定去不去做。后来我发现，放学打完篮球累成狗，那些让人郁闷的事早忘得干干净净的了。再说，顾校长是针对你吗？谁让你穿破牛仔裤到学校的。班主任调位是故意的吗？那我学习成绩还不错不也调到教室后面了。所以啊，还是你想多了。”

“好吧，好吧，你说得对，是我想多了。”戴凌霄不想继续跟顾问探讨这些烦心的事，于是转移了话题，“对了，你去哪儿打篮球，学校放学后不是不让打篮球吗？”

“新来的校长有新规定，他说如果不让大家打篮球，同学们没地方去，很有可能到外面租场地，因为租场地的事咱们学校的同学还跟外校同学打过群架，所以校长索性允许同学们晚上也可以在学校打篮球。”

“新校长这么好？”

“当然，我们现在都叫他顾大大了。”

“我去，你们真能叫得出来。”话说完，戴凌霄像是悟出了什么，“你和顾校长都姓顾，是不是亲戚关系啊？不然你怎么老替他说话？”

“谁说的，我们只是都来自顾家街而已。”

“真的假的？”

“假的真不了，真的假不了。”

“算了，不跟你贫了，我得回家了，我妈——”戴凌霄差点就要冲动地把妈妈最近鬼鬼祟祟不知道在忙什么的事告诉顾问，又觉得这是家里的隐私，不应该让别人知道。想到这儿，她转口道："我妈最近盯我盯得特别紧，我得赶紧回家了。"

可是，天知道，她妈妈最近到底在忙什么！她能真切体会到的是妈妈最近的唠叨明显少了，而且每天临睡前，总会放一杯热牛奶在她桌子上。难道妈妈打算离开她和爸爸吗？同学的妈妈在离婚前，对她也是格外地好。想到这些，戴凌霄的头就像是要裂开一样。

|

和顾问聊了几次天，戴凌霄的心结竟慢慢解开了。她试着调整自己的心态，忽然觉得，换一种心情看这个世界，确实能感受到很多美好。

比如她以前觉得同学们不愿意教她做题，问过几次后发现，其实是她自己关闭了向同学请教的心门，同学倒是很乐意帮她解答的。女生虽然也有小帮小派，但新班级的班风明显比去年好很多，起码大家在一起不那么别扭，她在班里也觉得舒服了些。只是，她还是不能切断和初中同学的联系。她的妈妈还是经常会唠叨她。她也烦，烦得实在不行，就跟顾问大吐苦水。

顾问倾向于她妈妈的观点，聊天这事偶尔聊聊可以，但要是点灯熬油地聊，实在没必要。"第一，没什么非聊不可的事；第二，人家不上课，你得上课，你上课听不进去，那不是浪费自己的时间吗？”

戴凌霄听了，觉得顾问说的有道理。

“你怎么不来上晚自习啊，在家里待着有什么意思啊？”顾问这一问，让戴凌霄有苦难言。

虽然戴凌霄对学习提起了点兴趣，但是他对班主任还是很有意见的。“别提了，还不是班主任，自从上次晚自习我和阿欣讨论数学题被老师发现，认定我俩闲聊天，阿欣不服，言语间顶撞了老师后，我们俩就被禁止上晚自习了。我是一直讨厌上晚自习的，但是天天不上晚自习也挺让我不自在的，尤其在我感觉学习也不是件那么费劲的事时，我更觉得待在家里没意思了。但是班主任没有让我们上晚自习的意思。我能怎么办？”

“让班主任求你回来上晚自习啊。”

“怎么可能？”

“有什么不可能的，你不觉得大多数老师都对学习好的学生有偏爱吗？你看咱俩有时候上课也扯闲篇，就算老师听到教室有人说话，一看是咱俩，就基本上不再过问，这是因为她看到是我在说话，但她的眼睛总会无奈地看你一眼，对吧？”

“所以啊，你考班里前十名试试，他不哭着喊着求你回来上晚自习才怪，这样就能一雪你的前耻了，有成就感吧？”

“前十名？这简直是个不可能完成的任务。”

“你初中时不是都考班里前五名吗，考前十名有什么不可能的？”

“高中竞争比初中可激烈多了，我脑子又没那么聪明，怎么可能说考前十名就考前十名。”

“随便说说当然不可能啦，要去做啊。”

“这……我还是不做这个梦吧。”

“你好好想想。”顾问不死心，追上她说：“顾校长在开学第一天演讲时怎么说的来着，‘天将降大任于斯人也，必先卸其QQ、封其微博、删其微信、去其贴吧、收其电脑、夺其手机、摔其ipad、断其Wi-Fi、剪其网线，使其百无聊赖，然后静坐、喝茶、思过、锻炼、读书、弹琴、练字、明智、开悟、精进，而后必成大器也’。你现在已经不怎么聊QQ、聊微信、去贴吧、玩电脑了，你已经开始思过，离成大器不远了。”

“得了吧，这是顾校长引用的话，又不是他原创的。”

“引用的怎么了，他演讲时说过他是引用的啊，你得承认，他引用得对。”

“你怎么成了顾校长的崇拜者了。”

“那是，我们都来自顾家街嘛！”

“我倒真是怀疑你和顾校长的关系了！”

J

新的周一顾校长要进行国旗下讲话，这让戴凌霄心潮澎湃。

以前她最不喜欢听这些无聊的校长讲话，车轱辘话反反复复地说，说的人没激情，听的人很乏味。而且每周都要讲一讲，哪有那么多话要讲？说的人不烦，听的人也烦了。但是顾校长可不是每周都讲，他是要么不讲，一讲就会让人振奋精神，他说的每句话都能直抵人内心。这一次，他显然又准备得很充分：

同学们，你们要知道，没有哪个人是不付出就能取得成功的，宇航员不是说上天就能上天的，运动员不是随便练练就能拿冠军的，明星不是花拳绣腿就能受到欢迎的。

大家都知道杨利伟吧？他在飞上太空之前进行了超负荷的训练，其中超重耐力训练要求航天员在承受八倍于自身体重的重力条件下，保持正常的呼吸和思维能力。训练时，离心机像一只巨大的铁钳，紧紧夹住旋转舱，在圆形的超重实验室里飞速旋转。转瞬之间，他全身的血液好像被甩到脊柱上，五脏六腑好像被压成了一张薄薄的纸片。大家都学过物理，可以想象这种超重耐力训练的强度。

大家都知道游泳运动员孙杨吧？他的教练说，孙杨小时候每天训练，虽然他在地面上调皮捣蛋，但一下水就比别人更认真和努力，他能取得今天的成就，不仅仅是因为他的努力，也是因为对游泳的执着与热爱，他很清楚自己喜欢什么，也很清楚自己要什么。孙杨练游泳这些年很不容易，他有心肌炎，这对运动员来说非常致命，他的肩膀受伤也很严重，身上其他地方也有很多伤。

再来说说周杰伦，他有僵直性脊椎炎的病史，一发起病来就会全身疼痛，根本不能像我们正常人一样躺下，睡觉都只能坐着，他从床边走到门口都要将近十分钟，十分钟我们能走出去几百米甚至千米开外，他走这么长时间不是因为他的家有多么大，而是因为他走得非常慢。

像杨利伟、孙杨、周杰伦这些你们认为是偶像的人，他们每天都在努力。那么，各位都在做什么？看着人家取得了成就，就只有羡慕的份儿吗？！没有想到要去拼、去努力将来也取得成就吗？各位要知道，我的责任是管理好学校，如果教师不好好教学，导致学生不好好学习，隔三岔五出去上网、打架，那我就要负责任，如果你们学习三天打鱼两天晒网，没能把老师讲的知识弄明白，就是你们的责任。努力学习，是你们现阶段每个人的责任。每个人在不同阶段都有不同的使命。你们现阶段要完成学习的使命就要学习忍耐、学会放弃、学会付出。你们的使命不是为了我这个校长，不是为了老师，不是为了你的父母完成的，你们的使命是为了对得起你们自己，为了不辜负你们的大好青春，这是人生的一种修炼。

同学们应该知道，学习哪有不吃苦的，工作哪有不吃苦的，要想取得成功哪有不吃苦的？如果现阶段，你们每天都想着玩，想着得过且过，而不在最应该努力的时候去体验人生这种为目标而努力付出的过程，那么你们长大后就不可能为了工作、为了生活、为了人生的目标而去拼搏努力，也就享受不到拼搏努力后带给你们的成就感。

各位，杨利伟、孙杨、周杰伦他们已经取得了一定的成就，但是他们停下脚步了吗？各位，一定要记住一句话：不是有的人比你努力，而是比你牛的人比你还努力。

各位，也许你成不了大人物，但就是做一个小人物，是不是也要让自己的人生精彩一些？所以，还等什么？努力吧！

听了顾校长的演讲，戴凌霄觉得自己被洗脑了，立志要努力学习。就像顾校长说的那样，也许自己不能成为大人物，但就是做一个小人物，是不是也要让自己的人生精彩一些？

“我决定好好拼一把，试试能不能把学习成绩提高上去，但我恐怕坚持不下去，从小到大，我能坚持做下去的事没几件，我妈都说我没常性。”

“需不需要我监督你，每天除了日常的学习之外，你得给自己加码，每天背二十个单词，做五道数学题，你语文成绩不错，就不需要补了，理化再各做三道题。”

“这个，看起来加的码也没那么重，我试试看吧。”

“对自己有点信心好不好，我觉得最近班主任看你的眼神和说话的态度都不对了。”

“怎么不对了？”

“你没觉得吗？他提问你的次数明显多了，而且有时会冲你点头，那点头的意思就是说你有进步。”

“真的假的？”

“不相信我，走着瞧呗。”

顾问说完，骑着自行车，扬长而去。戴凌霄仔细地想了几分钟，班主任最近好像是对她特别关照了一些，态度似乎没有那么凶了，还有一次表扬她作业写得工整。

想到这些，戴凌霄脸上露出了难得的笑容。

K

经过数周的苦读，令戴凌霄焦虑不安的考试又来了。她焦虑不安的原因是既担心自己考不好，又想验证一下最近苦读的结果。

两天考试下来，戴凌霄简直要褪一层皮了，她和顾问对了答案之后，初步算了算总分，肯定比以往的分高，但她猜不出其他同学的分，顾校长的话还犹在耳边，“不是有的人比你努力，而是比你牛的人比你还努力”。努力的并不只她一个人，所以，她能不能考进前十，真是不敢保证，再说，即使考进前十，班主任是否能让她上晚自习也是个未知数，这只是她和顾问打的赌而已，握有能否上晚自习大权的班主任又怎么会知道这件事，又怎么会知道她为此做出的努力。

突然，一个身影闪过，不用看，听脚步声，肯定是顾问。

“想什么呢？”果然是顾问。

“没什么，发会儿呆。”戴凌霄想掩饰内心的焦躁。

顾问心情很好，他似乎每天心情都很阳光，不像她，动不动就郁闷。她认为他的阳光是理所当然的，他学习优秀，篮球打得也好，有时候还在学校电台主持节目，不像她，一无是处。有时，连和他走在一起，她都觉得自卑，她想像他一样变得阳光，但她努力又努力，也赶不上他的脚步。“不是有的人比你努力，而是比你牛的人比你还努力。”顾校长说得对，顾问这样的人都那么努力，她有什么借口不努力。

“一个坏消息和一个好消息要告诉你，先听哪一个？”顾问问。

L

戴凌霄低着头，声音卡在喉咙里，感觉要透不过气来，顾问听到她喉咙里一个一个蹦出来的字，“坏消息是我没进前十名？”

“确实是这样的，你排名大约在二十名左右。”

顾问的声音不大，却让戴凌霄感到是个晴天霹雳。她原本还抱有一丝希望，自己付出了很多努力，怎么着也不至于太差吧？可现在看来，这个成绩实在不怎么样，跟她的努力不能成正比。

她幽幽地说：“这个我猜到了，班里的大牛人们都在努力，我要挤进前十名那简直是天方夜谭。”

“进步哪有那么容易的，咱们当时打赌的本意是希望你学习成绩提高，你现在成绩确实提高了呀，只是没有预期的那么高而已。”

“算了，不说了。”戴凌霄真想找个地方大哭一场。为什么自己那么努力，恨不得一天二十个小时都在学习，下午放学回家到晚上十二点之前，她把能用的时间都用在学习上了，怎么学习成绩还是不能如她的意？

“好消息呢，你不听了？”顾问眼巴巴地看着她。

“不听了。”

M

上课铃响了。这一节是班会。根据以往的经验，这节班会的内容会与考试成绩有关。

戴凌霄低着头，她想，班主任也许对她失望至极，会认为她是一个烂泥扶不上墙的学生。

她静静地坐在座位上，班主任讲了什么，她完全没有听到。直到顾问用笔头戳她的胳膊，她才意识到自己走神了。

“班主任刚才说的，听到没，祝贺你。”

“祝贺什么？”

“祝贺你回来上晚自习啊。”

“什么时候说的？”

“刚才啊！”

“真的？！”

“你听啊——”

班主任还在说，“同学们的努力，我完全看得到，这次我们班的成绩有了大幅度提高，有些同学的名次上升的速度就跟坐直升机似的，比如戴凌霄同学，平均分提高了十五分，她背后肯定付出了很多努力，这样的进步是逐渐上升的，不要想一口吃成个胖子，慢慢来。”班主任说着，眼睛一直冲着戴凌霄的方向，她感觉，班主任的眼睛里都是肯定和赞许。

“我表扬戴凌霄同学并不单纯是因为她学习成绩有提高，而是她在面对挫折时的态度很值得我们学习，她没有怨天尤人，她在努力改变自己的学习状态，她在美术方面还取得了成绩，她的画得了全省的大奖，要不是省里来通知让她去领奖，我这个班主任还不知道她有这么大的才能呢。”

戴凌霄参加美术比赛的事，没有告诉任何人，她怕有人说她不务正业。她想，一个学习成绩不好的人，即使取得点什么成绩也会遭到冷嘲热讽。班主任的表扬让她无比激动，原来我并不是一无是处。

“最近，有同学向我打小报告，说戴凌霄和顾问同学走得很近，说他俩谈恋爱了。呵，我觉得谈恋爱么，没什么大不了，你们都到了16+的年纪，男女生互相喜欢是人之常情，我也知道班里还有其他男生和女生走得很近，我不会跟你们的家长告状，但你们谈恋爱是真也好，假也罢，都要保持一个度。我刚刚说了，你们都到了16+的年纪，应该能理解这个度的含义。”

班主任这一番话，说得同学们小声笑起来，戴凌霄和顾问都不好意思地红了脸。

班主任继续说道：“我一贯的做法是，如果谈恋爱没什么坏处的话，我是不反对的，同学们也不妨学学人家戴凌霄和顾问，人家戴凌霄学习成绩为什么提高上来了，如果是因为谈恋爱的话，这不是很好的事吗？为什么有的人没有人喜欢呢？找找自己的原因，因为你们学习不好、体育也不好，没有什么优秀的地方，所以没有人喜欢，你们回去想想，找找自己优秀的地方，加以强化发扬，在自己擅长的方面做最好的自己，让自己也成为一个有人喜欢的人，好吧？”

顾问小声笑起来，“这都哪儿跟哪儿啊。”

戴凌霄抬起头，坦然地看着顾问，“说得咱俩真跟谈恋爱似的。”

N

戴凌霄回到家，客厅里关着灯。她以为爸妈都没回来。

刚要打开灯，突然卧室里端出一个蛋糕，上面插着蜡烛。

她忘记了，今天是她十七岁的生日。

妈妈跟她说，这些年老是唠叨她，没有顾及她内心的感受，妈妈不了解她，也不知道她喜欢画画，不知道她为了美术付出那么多，她没有尽到一个当妈妈的责任。

戴凌霄简直要哭出来了，也许是年龄上有代沟，妈妈从来没有跟她说过这样的话，从来没有表达过她内心的这种感受。她腼腆地说，自己做得也不好，以后会注意的。

一向少言寡语的爸爸也表达了自己的想法，希望一家人不要争吵，有事好好商量。

此时此刻，戴凌霄感觉爸爸和妈妈的感情很好，但她内心的不安仍旧存在，妈妈到底在跟什么人通电话，爸爸又是否知道？

○

妈妈的事让戴凌霄放心不下，她觉得如果不查清楚简直寝食难安。为了让自己的心踏实下来，她决定查个清楚。

周末，趁妈妈去洗手间的空当，戴凌霄记下了妈妈经常通话的电话号码，上面没写姓名。待到妈妈去理发店上班时，她来到公用电话亭，打了那串数字。

“你好，我是顾大全，哪位？”电话接通，对方自报家门。

戴凌霄慌乱地挂了电话，这——这顾大全不是顾校长吗？到底是怎么回事？妈妈怎么会认识顾校长？

戴凌霄带着疑问回到家，左思右想想不明白。她坐在客厅的沙发上，沙发直冲着爸妈卧室的门，卧室里有一张书桌。过去一段时间，妈妈好像经常坐在书桌前写着什么，有一次她推门进去，妈妈好像往抽屉里藏了什么。那情形跟她初中时藏日记本很相似。莫非，妈妈也藏了日记本？

想到这里，戴凌霄推开卧室的门，抽屉锁了。这个抽屉她曾用过，当年妈妈为了偷看她的日记本，把桌子往外搬了搬，从抽屉后面伸进手去拿出了她的日记本。她也效仿妈妈的做法，准备把妈妈的日记本拿出来。

戴凌霄一边这么做，一边竖起耳朵倾听，唯恐妈妈此时回来撞个正着。她的心脏怦怦怦地跳得快极了。

经过翻找，她找到了一个本子，四周都皱了起来。她手忙脚乱地打开，想到马上就要知道妈妈的秘密了，她的心简直要从身体里飞出来。

在妈妈的小本上，写着哪天约顾校长见面，解决诸如如何转变学习态度、如何在家庭中进行有效的沟通等问题。

原来，妈妈和顾校长认识，还是老同学。

戴凌霄看到，妈妈小本上还记录着顾校长抓她当典型的事，那天是妈妈告诉顾校长她穿了破了窟窿的牛仔裤的事的。

天哪，这是亲妈吗？！天下哪有这样的妈？！

戴凌霄还看到，妈妈找过温小虎，妈妈说温小虎是个善良懂事的孩子，因为想改变家里的生活条件才主动退学的。妈妈跟他谈了几次，让他为自己的前途想想，也为她的前途想想，还帮他找了新的工作。难怪温小虎像变了个人似的，很少联系她了，即使联系她说得也都是劝她好好上学的话。

妈呀，你怎么能这样跟我的同学谈论我的事？！戴凌霄想问妈妈这究竟是怎么回事！然而，曾经她认为对她很重要的温小虎现在已经没有那么重要了，也许是她改变了，也许温小虎也在改变。

戴凌霄还看到，顾问和顾大全的关系不只是同街那么简单，顾大全是顾问的爸爸！班主任也深知她很在意曾经留级的事，所以她一有点风吹草动，他会第一时间给她妈妈打电话。

哦，一切不言自明，顾问、顾大全、妈妈、班主任、温小虎……他们都是串通好了的，他们……对于这些，戴凌霄不想刨根问底了。因为，她已切实感受到自己的变化，她在向好的方向走，这难道不是她期待的结果吗？

合上妈妈的小本，戴凌霄将书桌恢复原样。随后坐在书桌前一动不动。她的心情比任何时候都平静。这所有的一切怎么都发生在了她的身上，这一切是缘自她的叛逆期吗？如果是，她倒要感谢这段叛逆期。

假如没有叛逆期，她就不可能体会妈妈的良苦用心；假如没有叛逆期，她也不可能知道长着满脸青春痘的顾问心地是那么善良；假如没有叛逆期，她就不会在经历黑暗后看到未来的光明。

现在是深秋了，

端午，你在给谁烤红薯呢？

端午，我托你转交给小满哥的信，你转交了么？

还有杨七七，你那不能治的病好了没有？

下次见你，我一定要当面跟你说声对不起，还会送你一把漂亮的画着一条鱼的铅笔刀，还要谢谢你救了我的命……

我的朋友们，你们一定要等我回马儿多农场啊……

哦！我可爱的马儿多

开场白

故事发生在北方一个叫马儿多的农场。

女孩夏至出生在夏至那天，因此爸爸给她取名叫夏至。夏至喜欢马儿多热烈的夏天。她常常眯着眼睛，一边听头顶上的知了叫，一边望着远处的高山，山那边会有什么呢？夏至没有爬过那座山，妈妈说，那山看起来很近，实际上很远。

有时，夏至喜欢顶着烈日逮知了，当她用面筋粘那些老知了的时候，它们没有慌忙飞离，也许它们知道，飞离之后，随着秋天的到来，它们也会到另一个世界里去，结局是一样的，只是时间早晚而已。只有刚刚蜕变的年幼的知了，一听到竹竿碰到树叶的声音，就叫着飞散了，惊慌中还弹起身体里的尿，那尿总是洒得夏至满脸都是。夏至闻过，那尿没有味道。

为什么知了的尿没有味道？知了是不是也跟人一样，有个奇怪的大脑……八岁的时候，夏至总爱琢磨这些问题，她问过别人，但没人对这些感兴趣。因此很多人说夏至不着调，说她要是能有杨七七那丫头一半的乖巧、文静就好了。

对别人来说，不着调是一个不好的词，但夏至喜欢不着调，她不愿跟周围人一个调，尤其不愿意跟杨七七一个调。夏至才不要像她那样成天坐在家门口帮奶奶们缠毛线呢，更不愿像她那样成天老师说什么就是什么！夏至有自己的世界，有自己的想法……就这样，夏至快乐地在马儿多过着属于自己的生活。直到有一天，她的生活发生了改变。

那天，端午找到躺在树荫下快要睡着的夏至时，他喘着粗气结结巴巴地说："夏至……夏至，你……你赶紧回家去，你大伯的车来接你了。"

夏至愣了一下，她看到端午的眼眶红了，紧接着，他号啕大哭起来，"你要走了，我会想你的。"

夏至立即从地上坐起来，拍拍身上的土，拎起装知了的网兜，飞也似的往家的方向跑去，风呼呼地从她耳边刮过。结果不小心踩到了石头上，一只塑料凉鞋被甩到了身后，夏至只得停下来，回去捡。凉鞋被挣断了一根带子，没办法穿了。夏至拎着凉鞋继续跑，没感觉到脚下的石子硌脚。这时，夏至听到背后传来端午的声音："等等……夏至……"夏至听出那声音里还残留着哭腔。

向往大城市

夏至一手拎着鞋，一手抹着汗，往家里跑。小衬衣裹在身上，热得她透不过气来。一路上，还看到好多人朝她家的方向快步走去。

穿过农场的那棵枝叶茂盛的芙蓉树，又跑过第二条马路，夏至看到自己家门前站了好多人，还停了一辆绿色的吉普车，车身上插了一杆小红旗，风一吹，旗子便跟着飘动，真是气派。夏至跑到近前，好多人围着一个穿军装的中年人，他正在向周围的人散烟，而夏至的父母则站在院落里嘀咕着什么。

夏至从大人们胳膊间的缝隙里挤到爸爸妈妈跟前，爸爸便客气地跟来看热闹的邻居们说："大家散了吧，有空再来坐啊！"

送走了围观的人，妈妈牵着夏至的手，走到中年人身边，"夏至，快叫大伯呀！"夏至不好意思地低下头，不说话。

"这就是夏至，哦！都长这么高了。"大伯高兴地抱起夏至，夏至看到他的皮肤虽然很白，但脸上长满了皱纹。"你怎么没穿我们邮回来的连衣裙和红色皮凉鞋呢？看这孩子穿得像个野孩子。”大伯看着穿短裤的夏至，有点不高兴地说。

“大伯什么时候给我邮连衣裙和红色皮凉鞋了？”夏至看到杨七七穿过，她穿着真好看。夏至想过无数回，要是穿在自己身上一定会比她更好看。虽然夏至头发有点黄，但是，电视上的外国孩子不都是黄头发吗？多好看啊！

一直不作声的爸爸说话了：“那连衣裙和皮鞋，我们送给别的孩子了。”

大伯问：“为什么要送给人家呢？”

爸爸说了些什么，夏至再也听不进去了，她“哇”地哭了，原来爸爸把属于她的衣服送给了杨七七。

妈妈慈爱地抚摩着夏至的头，一句话没说便走进窄小阴暗的厨房，去做晚饭了。

哭了一会儿，夏至就不哭了，因为她家就要搬离马儿多农场，她以后会有很多很多漂亮的衣服，可以看到高大的楼房，还可以去游乐场。而这些都是杨七七比不过的。

晚饭的时候，夏至没有像平常那样坐没坐相吃没吃相。她知道，她得表现得乖一点，不然，大伯下回来就不带她走了。夏至听妈妈说过，大伯正在给他们办理去大城市的手续，他们一家很快就要搬到大城市了，但是因为手续比较麻烦，这次就先让夏至一个人去。过不了几天，夏至就要告别马儿多农场了——

夏至和爸爸的战争

从小爸爸就教夏至识字、算算术。夏至知道，爸爸疼她，爸爸希望她将来有出息，希望她能走出马儿多农场。尤其当爸爸看到姐姐的成绩单时，就会将充满希望的眼神转向夏至，夏至便骄傲地仰起头来，她相信自己一定会走出马儿多农场的，那个时候，她丝毫不在意姐姐夏谷雨的委屈。

可是，爸爸天天都要夏至学习，晚上带她去邻居家串门儿，还总出题让她做，在她没答上来或者反应慢了一点的时候，爸爸就虎起脸来。回到家，他一定会大声呵斥夏至，“在家不是都会了吗，怎么出去就傻了？”夏至的眼睛盯着地上的水泥孔，一句话也不说。

第二天，爸爸盯着客厅里被划伤桌面的写字台看个不停。

夏至赶紧往外跑，却被爸爸大声喝住了：“回来！”

夏至定在原地。

“这写字台，是不是你划的？”

“是我划的。”夏至承认了，是她干的事，她从来都不嫁祸给别人。

“你为什么要划，它碍你什么事了？”

“我看着它不顺眼。”夏至咬着嘴唇说。

“你看着谁顺眼，就看自己顺眼吧？”说着，爸爸脱了鞋。

“啪，啪，啪”，爸爸手里的鞋底落到夏至屁股上，钻心地疼啊！可是，夏至没吭一声。

爸爸打累了，走到写字台前，一个劲地说："好端端的写字台，给你划成这样，可惜了，可惜了！"

就在爸爸历数写字台"可惜了"的时候，夏至却一屁股坐在了地上，她已经疼得不能走路了。爸爸刚想过来抱夏至，却听到一个声音说："你站着别动，别再碰我的孩子。"

是妈妈下班回来了。她抱起夏至，放到床上，给夏至脱了裤子，用手轻轻地揉着。夏至感觉屁股凉凉的，妈妈一定是掉眼泪了。

晚上，妈妈特意到西厢屋里搂着夏至睡觉，妈妈说："你不知道，你爸爸有多喜欢那张写字台。"夏至躺在妈妈怀里没说话，夏至当然知道，那张写字台是爸爸自己做的，他从农场的仓库借来了锯子、电钻什么的，摆了一院子，忙活了一个多星期才做好。

"你爸爸是希望你和姐姐能够好好读书，所以，他才亲手做了那张写字台，用来给你们姐妹俩读书、写作业时用。现在你把写字台划成那样，你爸爸当然生气了！"

夏至知道自己错了，可她就是不喜欢爸爸成天带着她出去显摆自己孩子比别人聪明。这让她觉得自己像个猴子一样，被爸爸牵着耍来耍去，那些表扬她的人就像看热闹的观众一样，让夏至觉得厌恶……

天亮了，爸爸破天荒地起床做了早饭。看到夏至起床后一瘸一拐地去洗脸，他小声地问："还疼不疼？"

夏至"嗯"了一声，去洗脸了。

因为天太热，她每天要喝很多水，睡觉前也喝，所以夏至尿频了，几乎每隔十几分钟便要上一次厕所。爸爸十分着急，他带夏至去医院看。医生说，这孩子是不是经常受到惊吓啊，要是吓坏了，就治不好了。爸爸寻思了一下，小心地说："我这两天打她了。"医生便着急地说："小孩子，不能老打，打坏了，尿频这毛病就治不好了。"

回家的路上，爸爸一直牵着夏至的手，还时不时地轻声叹气。夏至看得出来，他后悔了，后悔打她了。

晚上，夏至故意不停地上厕所，而爸爸则担心地在院子里走来走去。

夏至不知道爸爸走到几点，因为她睡着了。睡梦中，夏至仿佛还听到爸爸在院子里走动的声音。

讨厌的杨七七

虽然夏至喜欢马儿多农场的小河和河里的鱼、树和树上的知了、油菜和油菜花，虽然她爱妈妈，也爱爸爸，甚至也爱夏谷雨了（因为夏至要暂时离开她一段时间了）。可是夏至却讨厌杨七七，夏至希望离她远远的。也许就是这个缘故，夏至盼望着早点离开马儿多农场。

当然杨七七并没有欺负夏至，只是夏至很烦她。杨七七每天都安静地上学、放学，没有一点声息，有的时候，她会盯着夏至看，好像在打探夏至什么秘密似的。

最让夏至生气的事情，就是她告诉班主任周英英老师，夏至很不着调，一放学就去河边钓鱼、爬树、粘知了。周英英又告诉夏至的爸爸，于是，爸爸每个周末都把大门锁起来，把她关在院子里。

夏谷雨上初一了，学习成绩不太好，每个周末都去爸爸给她请的老师家补课，一整天不着家。家里就只有夏至一个人。

于是周末的时候，夏至只能独自待在院子里，一边看着四角的天空，一边想着小卖店一毛钱一根的冰棍，她多想嚼着冰棍去钓鱼，还想洗点面筋粘知了，那些知了一定希望夏至唱首歌给它们听，还有河里的水，没人唱歌给它们听，它们怎么会有心情在河里扑腾。但是现在夏至哪里也去不了，只能望着四角的天空发呆……

墙角有窸窸窣窣的声音，是小偷？夏至小心地抄起门边的一根棍子，是爸爸教她的，遇到紧急情况，先要在手里拿好武器，确定是小偷后，要急中生智想办法骗他，或者跑，或者大叫……爸爸教了很多办法，今天终于派上用场了。

夏至搬了个椅子到墙角，然后站到上面去，当看到墙角上真的有头发出现时，她抡起棍子就挥过去。

“哎哟。”是端午的声音。

“你干吗啊？吓死我了，我以为你是小偷呢！”夏至扔掉了棍子，冲他吼。

“你干吗啊，没看到我吗？你差点打死我了。”端午揉着头，又把手指伸到眼前，反复地看了看，“还好，没打出血来，要是把我的脑瓜子打坏了，你可得赔我。”

“你待在这儿干什么？”夏至问。

“你不是被你爸锁家里了嘛，我这是要救你出去的。”

“你怎么救？！”

“小笨蛋，你从墙头爬出来，不就行了。”

“墙太高了，我跳下去，摔断了腿怎么办？”

“说你笨你还真是笨蛋呢，我这不是给你准备了个大树杈嘛，你踩着它下来啊，在你爸妈下班前，你再赶回家。只要我不说，没有人知道你出去了。”

“真是聪明啊。”夏至伸出手，在他脑门上弹了一下，“我得洗点面筋，我今天想粘知了。你等一下。”夏至跳下椅子，往南屋跑去，面粉放在那里。

“不用了，我都准备好了。”

夏至停下脚步，撇着嘴，“你怎么就知道自作聪明啊！”

在端午的帮助下，夏至在树林里听知了唱了一个下午的歌，夏至还跟着知了一起唱，“知了知了知了知了，夏天已来到……”

夏天已来到，夏至的名字叫夏至！夏至唱着唱着就睡着了。

夏至醒来的时候，看到了端午的脸。为什么端午的脸总是出现在眼前，夏至刚想说“你在这里干吗？”却看到他正在拿自己的白汗衫给她扇蚊子和苍蝇，夏至的话只好咽回肚子里。

这时，端午大叫一声，“糟了，你睡过头了，你该回家了。”

夏至这才撒开两腿往家跑，知了也没顾得上拿。“我晚上给你送过去，我就说是我粘的。”端午在夏至背后大声喊着。真是奇怪，夏至总是跑得很快，端午总是在夏至背后大声叫。

每次都是这样。

“杨七七”，夏至在心里说，“都是你，你自己身体不好不能玩，害得我也玩不成，你真是个讨厌的家伙。”

我们扯平了

当夏至跑到家门口的时候，爸妈还没回来，但是门被打开了，是姐姐夏谷雨回来了。她虎视眈眈地盯着夏至，“瞅你这个样，凭你自己肯定是爬不出去的，看来是有人帮你。”

夏至的姐姐夏谷雨生于谷雨节气前后。在家里，夏至从来不称夏谷雨为姐姐，从一出生起，她就当夏至是敌人，因为以前她是家里唯一的孩子，所有好吃的、好喝的和父母的所有宠爱，都是她的。自从比她小五岁的夏至呱呱坠地，夏谷雨的特权随之被瓦解。比如，吃饭时盘子里有几块肉，夏谷雨刚要伸筷子时，爸爸就立刻提醒她，“还有妹妹呢。”夏谷雨的筷子就只能在那块肉上停留片刻，又瑟缩着放回自己的碗里。有时，爸爸会给她夹一点肉，剩下的，就是夏至一个人的了。夏至故意一边吸溜着粉条一边数自己碗里究竟有几块肉，这时，夏至就看到夏谷雨的眼睛偷偷地斜睨着自己，却又不敢吭声的样子。

夏至平时总爱得寸进尺，现在栽在她手里了，怎么办呢？夏至只能低着头，寻思着怎么求夏谷雨。

“那个人是端午吧？”夏谷雨不想就这么放过夏至，她好不容易才抓到她的把柄。

还没等夏至回答，就听到院门响，是爸爸回来了。夏至的心提到了嗓子眼，如果夏谷雨跟爸爸告状说夏至爬墙出去玩了，那夏至少不了挨一顿揍。

“干吗呢，你们怎么都傻站着？”爸爸看到了正在一问一答的姐妹俩。

“我考她呢，让她背前两天我教她的诗呢！”夏谷雨冲着夏至眨眨眼睛，看到夏至傻愣着，赶紧说，“继续背啊，你已经背到‘不识庐山真面目’了。”

夏至如梦初醒，夏谷雨竟然撒了谎，夏谷雨一定有什么目的。夏至一边背着早就背得滚瓜烂熟的“不识庐山真面目”，一边打着小算盘。

晚上睡觉的时候，夏至躺在夏谷雨旁边，夏至知道她没睡着，夏至还知道她最近老失眠，因为好几个夜里，夏至起来上厕所的时候，都发现她坐在床上。夏至问她为什么还不睡，她说想起一段语文课文还没背。鬼才相信她三更半夜起来背语文呢。夏谷雨不喜欢上学，这是夏至知道的。

夏至像洞察了一切的样子，盯着夏谷雨的眼睛。夏谷雨的眼睫毛轻轻地动了几下，她闭着的眼睛，慢慢睁开了。夏至从她的眼神里看出来，她一定有什么心事。

“你说吧，我有什么能帮你的？”

“你什么意思？”

“你不会平白无故在爸爸面前放我一马的。”夏至在黑暗里翘起小嘴，把头扭向一旁。

“好吧，你帮我递封信给端午的哥哥。”

“小满哥？”

“你小点声，你得答应我，不能告诉任何人，听到没？不然，我就把你爬墙出去玩的事告诉爸妈。”

“好吧，我答应你，我送完信，咱们就扯平了。”夏至知道夏谷雨喜欢小满哥，但是夏至不能告诉爸妈，因为这是夏谷雨的秘密，夏至是她的妹妹，夏至当然要保守这个只有她们两个人知道的秘密。

端午把夏至从水里捞上来

夏至上一年级了，因为从小跟爸爸学识字和算术，所以，老师讲的那些题，她不用学都能考一百分。放学后，夏至就背着书包跑到农场后面的小河里去钓鱼。她喜欢钓鱼给她带来的乐趣。没有人想到夏至能钓到鱼，更没有人知道夏至把鱼竿藏在哪儿了。

其实，夏至没有鱼竿，也没钱买鱼竿。夏至只是把从小卖店里买的鱼钩和线装在了书包里，鱼饵嘛，就是草丛里的蚂蚱。草丛里有很多蚂蚱，会抓的一分钟就能抓好几只。没有鱼竿不要紧，草丛里还长满了棉槐条，选一根长的条折断，便可以做鱼竿了。其实，夏至也没学过钓鱼，她看别人都是这么钓的，她也这么钓，竟然能钓到好大的黑鱼。

钓来的鱼，夏至是从来不吃的。夏至把它们放到缸里养着，可总是没过一星期，就都翻了肚皮，但是总有活的鱼出现在缸里，因为，夏至天天都能钓到鱼。

爸爸是不允许夏至去钓鱼的，因为夏至是女孩，钓鱼是男孩干的事；妈妈是怕夏至遇到危险，怕她万一掉到河里上不来。因此，夏至钓鱼都是独来独往，她不能让任何人看到自己钓鱼，要是告诉爸妈，她就吃不了兜着走了。

“你别老跟着我。”夏至冲端午嚷着。每回钓鱼，端午都要跟着她，夏至也不知道他从哪天开始知道自己天天往河边跑的。

可是端午却把食指放在嘴边：“嘘，这样你会吓跑鱼儿的。”

“那你别在这里看着我，你看着我，我就钓不上鱼来了，你得赔我。”

“万一你掉下去怎么办？我会游泳，我能救你，妹妹得听哥哥的话。”

“谁用你救，谁叫你哥哥？走开。”

端午比夏至大二十一天，夏至烦他总以哥哥的身份跟她说话。

端午被夏至喝得走开了，夏至继续钓她的鱼。可是，没多一会儿，鱼饵用光了。夏至放下手里的棉槐条，去草丛捉蚂蚱。一只两只，它们跳得真快，还跳得好远，夏至猛地扑过去，蚂蚱捉到了，她却呛了一口水，掉进草丛掩盖的水里了，夏至想站起来，可是脚下一滑，滑向了水的深处。夏至呛了好儿口水，拼命用手划着，可是没有一点儿用，她的身体不断地往水深处滑着。夏至扑腾了两下，腿却突然没了力气，抽筋了。

“我完了，我完了……”

夏至往水里沉的时候，仿佛看到了端午的脸冲她扑过来。

醒来时，夏至在妈妈的怀抱里，她看看四周，终于放心了，她现在是在自己家里的炕上。爸爸和姐姐，围在身边，姐姐高兴地拍起手来：“醒了，醒了，醒了呀！”

爸爸却没好气地说：“再叫你钓鱼，差点儿把自己钓到阎王那里去。”

妈妈白了爸爸一眼，爸爸不再吭声，拉着姐姐走到另一间屋，监督她写作业去了。

“我怎么记得，我睡着之前看到了端午的脸。”夏至有气无力地问着妈妈。

“是端午把你从水里救起来的。”

“他人呢？他没事吧？他没被水淹死吧？”不知道为什么，当夏至知道是端午把她救起来的时候，她多么害怕他真的被水淹死。

“没有，他也在家里，正发着烧呢。”

“我要去看他。”夏至从妈妈怀里挣扎着要坐起来。

“你现在这个样子不行，明天吧，明天咱们一起去，咱得好好谢谢人家。”

妈妈的话让夏至安心了，“好吧，我们明天去看他。”

晚上，夏至睡不着，她想，她得给端午带点什么吧。

夏至想了一个晚上，也没想出要送他点什么，夏至从来不知道他喜欢什么。

妈妈牵着夏至的手，右手拎了一小篮子鸡蛋去看望端午。

一进端午家的院子，夏至就看到他趴在床上朝院子里望，看到她们来，又赶紧把头缩回去。

妈妈在和端午的妈妈说着什么，夏至蹑手蹑脚地进了端午的房间。

“你来看我了。”端午惊喜地从床上坐起来。

“你把我从水里捞上来了，我妈说得来看看你。”夏至把自己想来看他的痕迹全部抹掉了。但端午仍然很高兴，问夏至今天在学校学了些什么，又说以后钓鱼的时候一定要叫上他，他可以保护夏至。

夏至凑近他的耳边问：“你当时不是走了吗，我也没看见你，你到底藏哪里了？你怎么知道我掉进水里了？”

他用手臂撑着床坐得正一点，示意夏至将耳朵贴近他的嘴边，然后他悄声说：“我不告诉你。”

夏至生气地用手指敲他的头，“不告诉我拉倒”。端午却只是嘻嘻地笑。

夏至不生杨七七的气了

夏至有一把漂亮的铅笔刀。

杨七七也有一把漂亮的铅笔刀。

她俩的铅笔刀长得一模一样。

夏至偷偷地把杨七七的那把铅笔刀的外皮用刀子划了几道杠。

杨七七打开铅笔盒时，大声叫着："哎呀，我的铅笔刀。"

夏至听见了，故意拿出自己的铅笔刀，"还好，我的没被划坏，我得藏起来。"杨七七不动声色地看着夏至，仿佛洞悉一切。

夏至猜杨七七一定会告诉老师的，以前一有男生惹到她，她都说："我告诉老师去。"

杨七七虽然没对夏至这么说，但夏至想，杨七七一定会告诉老师的，因为她爸爸就是老师，跟周英英在一个办公室。她会跟她爸爸说的，她爸爸自然会在和周英英聊天的时候说起这件事，那么周英英肯定就不再喜欢夏至了，虽然夏至学习很好，周英英还是会觉得夏至是个坏孩子。同学们知道了也会说夏至是个坏孩子。这么一想，夏至觉得太丢脸了。夏至甚至希望这一切都没发生过。

果然，暑假前评选三好学生，夏至没被选上。虽然夏至考了班里第一，而杨七七只考了第三。她却被选上了。

周英英说："有的同学应该好好想一想，为什么没评上三好学生。"

夏至马上想到了杨七七的铅笔刀，夏至把没评上三好学生的事赖在了她的头上，她一定还说了自己很多坏话。夏至隔着三排桌子，回头盯了杨七七一眼。杨七七正在看着窗外，没看到夏至眼中的仇恨。

没拿到三好学生，夏至的爸爸挺生气，但妈妈却说："又不是什么大不了的事，学习好不就行了。"

夏至恨杨七七，端午却不恨。夏至认为端午不恨杨七七，就说明他对自己不是真的好，如果他真的站在自己这边，就一定要和她一起恨杨七七！端午不但不恨，反而在杨七七的爸爸没到学校上班的时候，帮杨七七拿书包，还送她回家，再来追赶生闷气的夏至。

杨七七几乎每天都要坐着爸爸的自行车上学放学，如果她爸爸有事情没上班，她妈妈就会背她上学。

那么大个人了，还让大人背着，羞不羞啊！夏至常常这么想。

有时候，杨七七没完成作业，周英英也不罚她站，要是夏至完不成，就得抄十遍课文。周英英说，杨七七不能太长时间地看书。

为什么？夏至总想不明白，为什么杨七七能得到那么多的照顾，而自己什么都没有？

每次端午送杨七七到家，再追赶到夏至身边，夏至都会生气地说："你滚远点。"

每次端午都笑嘻嘻地假装走开，又笑嘻嘻地跑过来逗她。可这次，端午却神秘地在夏至耳边说："杨七七有病，你知道吗？"

夏至好奇地问："她有什么病？"

"不知道，我听我爸爸说的，好像是治不了的病，听说，活不了几年了。”

“治不了的病？杨七七能得什么病呢？”听了端午的话，夏至突然觉得她不那么生杨七七的气了，她怎么能跟一个有病的人生气呢？

夏至背着大伯邮来的红色的镶白边的双肩书包，轻快地跳着往家里走。这个双肩书包，从邮来的那天起，夏至每天上学放学都背着，连中午也背回家，就为了让路上上下班的人能看到，这是她大伯邮来的，她大伯在大城市呢！

亲爱的姐姐

夏至其实不喜欢夏谷雨这个姐姐，因为她不愿带夏至玩，她不喜欢夏至，嫌夏至是跟屁虫，她总是和她的同学在前面跑，而夏至只有在后面追的份。追着追着就追不上了，夏至就只得悻悻地要么回家，要么跑到妈妈上班的大工厂，告诉妈妈，夏谷雨又不带她玩，只顾自己玩去了。

夏至跟在夏谷雨后面追的时候，端午总是跟在夏至身后，他总是跑得比夏至慢，他太笨了，跑得那么慢。夏至往妈妈的车间跑，端午也跟着。夏至说，别跟着我。他却说，他来找他妈妈。端午的妈妈和夏至的妈妈在一个车间上班。

工厂看大门的老王头不让他们进，端午就从敞开的窗口那里抓过他喝水的茶缸，又弯腰从地上抓一把土，佯装要往茶缸里放。老王头嚷着“你这个孩子”赶紧去夺茶缸，趁这个空，夏至从大门缝里钻进了工厂，端午也钻了进去。

他俩互相看着，哈哈大笑，有种捉弄过人后的快意和满足感。这个时候，夏至是不讨厌端午的。

“在车间里小心点啊，找到大人，就赶紧出来。”老王头在他们身后喊着。

“好嘞。”端午也大声回答他。

夏至见到妈妈就假装哭着告状，说夏谷雨不带她玩。

“还有我呢，我带你玩。”端午拿着车间里的一轴线，蹦到夏至妈妈面前。

“你们俩好好玩去，回家我训你姐姐。”

夏至知道妈妈要上班，只得和端午一起走出去。端午其实不算讨厌，相比夏至的其他同学，他懂的事情还算多，夏至和其他同学根本没有共同语言，夏至觉得他们傻，成天就知道打架、玩弹弓，没什么思想。

夏至对夏谷雨也喜欢不起来，虽然夏谷雨看了很多书，能给她讲很多天文地理知识，但因为夏至这个妹妹总要捡姐姐穿小了的衣服穿，颜色都褪了，袖子和裤腿都磨破了。夏至想不明白，为什么她总要穿剩衣服，为什么夏谷雨总能穿到新衣服，这很不公平！

那天傍晚，夏谷雨第一次温和地拉着夏至来到平房顶上。夏日的平房，白天被太阳炙烤的高温还未曾退去，脚踩在上面热乎乎的，但是，时不时有凉风吹过来，感觉分外舒服。她打开妈妈编的草帘子，把夏至拉到上面坐下。她一副很忧郁的样子。

“夏谷雨，你怎么了？”姐姐的样子让夏至感觉到很奇怪。

夏谷雨说：“夏至，你就要被带走了，可能要走好几年，也不知道什么时候我们家才能全都搬到大城市，不知道什么时候才能再见到你，万一我去不了大城市，说不定以后就再也见不到你了。”

夏至一直以为，她的爸爸妈妈和夏谷雨都一定会去大城市的，可夏谷雨怎么会说去不了呢。“你在骗我。”长期以来，夏至都怀疑她说的话，没等她回答，夏至挑衅地说：“我走了，你不是要得意了吗？爸妈只宠你一个人了。”

“可你是我妹妹，我舍不得你啊。”说着说着，夏谷雨就掉下眼泪来。夏至从没看见夏谷雨哭过，即使放暑假前，她考试不及格，偷偷改了成绩，被爸爸发现了，爸爸拿着鞋底打她，她都没吱一声。而现在，夏谷雨却哭了。

夏至发现，她自己的眼泪也掉了下来。夏至往夏谷雨面前蹭了蹭，她伸出手搂着姐姐。两人默默地掉着眼泪。夏至那么强烈地感觉到，她和夏谷雨之间的敌意消失了，夏至第一次感觉到，她是自己那么亲爱的姐姐。

怀念马儿多

夏至即将坐着大伯的车去大城市了。

离开时，端午把自己养的小灰雀送给了夏至。夏至对这只灰色小雀喜欢已久，这可是端午爬到杨树顶上抓下来的，从树上往下爬时，差点儿从树杈上跌下来。用生命换来的东西，端午自然倍感珍惜了。夏至央求了他好几回，他都不肯拱手相送。

眼前的小灰雀在笼子里跳跃着，似乎知道它要离开端午，要跟着夏至去大城市了。夏至神秘地转了个身，然后让端午闭上眼睛，让他猜她送他什么礼物。

一块硬邦邦的木头顶住了端午的脑门，他睁开眼一看，原来是那把神气的仿真驳壳枪。这是夏至的大伯上次回来时送给她的礼物。大伯是军人，他希望夏至也能拥有军人的坚强品格。这把枪是端午做梦都想拥有的宝贝，要知道当军人可是他的梦想呀！可夏至从来不拿出来玩，连碰都不让他碰一下。

端午和夏至交换完礼物，两个人互相敬了个礼，还学大人的样子握了握手。这时，端午突然想起了什么，便趴在夏至耳边说，其实那次救她的另有其人，那个人就是杨七七，是她告诉他夏至在河边的。杨七七受不了冷风吹，每天都趴在窗前看街上发生的故事，那天是她看到夏至向河边的方向走去的。要不是杨七七，夏至那天真就没命了。

夏至是个自尊心很强的孩子，她不好意思去和杨七七告别。但她也不是什么都没做，她跑进屋里，把自己先前画的一幅两个小女孩手拉手的画交给了端午："这是我送给她的。"

吉普车开动的时候，端午跑向坐在胡同口的杨七七，将夏至的画交给她。远远地，夏至看到杨七七在向她挥手……

到了大城市后，夏至再也看不到马，再也看不到田野，到处都是车，夏至还得注意看着红绿灯。红绿灯原本只在一年级的课本里学过，现在出现在眼前了，夏至却感觉茫然，她走起路来得处处小心。这个城市里没有马儿多农场的自由和自在。

夏至走在路上，再也听不到鸟虫的叫声了，她不习惯的各种各样奇怪声音，却刺啦啦地冲进她的耳朵里。她仰头朝天空望去，天空都被高耸的楼房分割得奇形怪状，她觉得自己好像被装进了一个很小的世界里。夏至想马儿多了……

那时，夏至在马儿多上学就像玩儿一样。因为那帮小孩从上幼儿园开始就经常往学校跑，学校里有他们的哥哥姐姐。老师们认识每一个孩子，学校的大铁门也总是敞开着。夏至经常和端午他们进学校溜达，然后趴在门旁看教室里的哥哥姐姐们上课。

上课的老师看到他们，总会走到门口，像驱赶小鸡吃食儿似的说："去去去，一边玩去吧。"顿时，教室里的学生便会哄堂大笑。

夏至还记得一年级的时候，经常在夏日的午后迟到的端午总是有办法混进教室。班里总共十几个学生，老师看一眼教室，准知道谁迟到，但从来不点名，喊了起立坐下后，便开始上课。

讲完课后，老师坐到学生堆里批改作业，这时，端午便会伺机悄悄地从窗户爬进来，同学们则会大声地朗读课文，以掩盖他爬窗户的动静。

等老师批改完作业，站起来伸展胳膊，准备检查同学们的学习状况时，突然看到了坐在他后面的端午，惊讶地问："你什么时候进来的？”

端午憋住笑，“我一直就在啊！”

全班哄笑着，再次集体说谎，“他是一直都在的，老师你没看见他……”

那个可爱的小学校怎么样了？老师还好吗？树叶该落了吧？地里的红薯该熟了，这个时候，端午该找我一起去偷红薯了。找个没人的地方，在地里挖一个坑，把红薯放进坑里，给周围糊上泥，再在外围放些柴草。没有风的时候，端午总能一下子把火柴划着，如果有风，端午就会将小手掌合拢，哆嗦着一下子划开两根火柴。柴草点着了，他一定会跳起来，如释重负的样子，“点着了，终于点着了。”

不消二十分钟，端午便会从土里扒出红薯，他总要“嘘嘘”地吹着，把红薯从左手换到右手，红薯太烫了。他一定会把最软的那个红薯给夏至吃。

夏至久久地停留在小区楼下，在她的手上提着鸟笼，小灰雀仍然在里面跳跃着，不知道它是不是也想念马儿多了。“哦！我的爸爸妈妈还有姐姐，你们现在好吗？你们什么时候才能搬到城市里来啊？！这里再大再好也不如马儿多好呀！我以后再也不划写字台了，再也不告状了，我一定听你们的话……”

突然，“卖烤地瓜喽”的叫卖声传来，夏至看到推着大铁炉的老婆婆，裹着一件粗布棉袄，一边叫卖，一边往火炉里加了点炭。她多像端午的奶奶啊！现在是深秋了，端午，你在给谁烤红薯呢？端午，我托你转交给小满哥的信，你转交了么？还有杨七七，你那不能治的病好了没有？下次见你，我一定要当面跟你说声对不起，还会送你一把漂亮的画着一条鱼的铅笔刀，还要谢谢你救了我的命……我的朋友们，你们一定要等我回马儿多农场啊……

（备注：《哦！我可爱的马儿多》获二〇〇七年冰心儿童文学奖小说类佳作奖。获奖感言：二〇〇七年，给了我一个大大的惊喜，我竟然获得了冰心儿童文学新作奖。从写作开始，冰心儿童文学新作奖就成为我心中的一块圣地，如我站在长城上遥望远方的意义。如今我可以走近她，虽然我还年轻，不能完全感知和理解她，但我在看，我在听，我在感受生活。我相信，我会写出更多更好的作品，为我自己，为更多的孩子们。）

眨眼的那一秒，
小野悟出了用“螃蟹”命名这条街的含意：
尽管短暂的一生需要蜕壳数十次，
一次次地在生与死之间进行着较量，
但螃蟹从来没有放弃过重生的机会，
即使横着走路，也不感觉自卑，不会贬低自己，
而是勇敢地向前，向前。

螃蟹街的微笑

A

小野永远记住了二〇〇七年八月二十二日。

前一晚，她被妈妈拽着上了火车。上火车前，她的挣扎在妈妈声嘶力竭的“你爸爸帮不了你了，你只能靠自己”中停止了。来往的行人诧异地看着这对母女。小野终于服从了妈妈。

赶了一夜的路，数不清的灯火在小野眼前明了又都灭了。她知道，她要开始新的人生了。

八月二十二日上午，小野和妈妈下了火车又转乘汽车，一个小时以后，小野来到了一个完全陌生的环境。妈妈打了辆三轮车，一手拖着沉重的行李，一手拖着她坐了上去。

小野感觉她的五脏六腑在这一路上已经颠得四分五裂。司机说，学校前面二百米不让停车，让她们自己走过去。

小野经历了一路的颠簸，又背着重重的背包，走得很慢，她怕远道而来的自己不受同学们欢迎。好在，还未开学，小野的心稍稍安静了一些。

“螃蟹街？”小野眼神迷离地四下打量，竟然在一堵墙上面挂的指示牌上看到了“螃蟹街”三个字。真是一个奇怪的小镇，连街的名字都起得这么奇怪。对这条街，小野心中竟然充满了无限好奇。

“这里就是传说中的‘第四监狱’啦！”一个声音在小野的耳边炸响，她惊魂未定地又听到一个家长模样的人说：“老师那叫一个严，把学生当犯人一样训，三天两头考试，晚上还有晚自习。”

“我不去了，我要退学。”小野缩了缩身子，但她的手被妈妈紧紧地抓住。“退学，你能干什么？你爸再也没能耐帮你了，你不上学，难道要去打苦工？”

小野的泪就这么一滴一滴掉下来，落在路边的青草上。但小野的脚步还是不争气地朝着未知的学校迈进了。当小野一步一步地走到学校门口的时候，她被眼前的光景吓了一跳。学校大门正对着的是红砖砌起的楼，冷风似乎要从楼的门和窗户飞扑过来，那些爬山虎张着双手朝更高更远的地方爬去，但阴湿的感觉让小野在太阳当头的大夏天里不寒而栗。

尽管小野有一千万个不情愿，她还是在这个北方的小镇住了下来。在这所有着“第四监狱”之称的四中住了下来。

坐惯了大奔的小野不会骑单车，每天就只是一个人静静地从宿舍走到教室，又静静地离开教室。小野也没指望有人会来关心她，人情淡薄，这是她对社会的认识。尤其在八月之后，她的妈妈不断地发着牢骚，“你爸这才刚出事，亲朋好友就一个个跑得比兔子还快，以前我们对他们可不薄啊！”因了这层认识，也因了切身体会，她见到任何人都会低头一笑。上课时，小野不提问题，也不主动回答问题。没有人了解她，也没有人肯花时间去了解她，包括她的同桌。高三了，谁愿意为不相干的人花时间呢？

如果没有那次换座位，小野对人情的看法也许会一直就这么保持下去。那天，其实是很平常的一天，跟之前的半个月没有什么不一样。班主任梅美像往常的星期一一样开了班会，然后宣布下课。

就在梅老师走了以后，坐在后排的高个子男生抱着书包走到了小野身边，硬生生地说：“快搬到后面的座位上去！”

小野愣了，她知道面前这个男生叫俚俚，外号叫“刺头”，为人霸气得很。她不明就里，只好问：“为什么？”

“不为什么，让你搬你就搬！”

俚俚的话把小野吓着了，她小声说：“我可以不换么？我近视，我……”

“不行，赶紧收拾你的书包，换到后面去。真够自私的，占着前排的座位不肯放手了。”“刺头”等得有些不耐烦了，“难道你不知道吗，班里的规矩是每隔半个月调一次座位，座位是大家轮流坐的。”他说着，“咣当”一声把自己的书包放在了小野的桌子上。

小野往四下看了看，同学们都在收拾书包，她想，也许班里有什么特别的要求吧。小野咬着嘴唇，将自己的书装进了书包里。

“快点行不行，磨蹭什么呀你！”“刺头”催促着。

小野可怜巴巴地加快速度收拾，看这样子，速度再慢点，他得把她吃了。这时，“啪”的一声，不知道谁拍了桌子，紧随其后的是一个洪亮的声音，“嚷什么嚷，有话不能好好说啊，她又不是不搬？！”小野听出来，说话的是经常被老师钦点回答问题的何阿树。

“我换座位，关你什么事，吃饱了撑的吧你？”“刺头”毫不示弱。

“我就是想管啊。我就想不明白，你干吗非要抢第一排？你往那里一坐，后面的同学还怎么看黑板？”

“后面的同学？你是怕小野同学坐得远，心疼了吧？”

小野不知道“刺头”为什么把她和阿树扯上了关系，她觉得多一事不如少一事，赶紧收拾完书包换了座位好息事宁人。但阿树走了过来，“你没必要换座位，班里还有一个规矩，个子矮的同学可以不用轮换座位，你坐在第一排是可以的。”

“不行，你赶紧搬到后面去。”“刺头”显然被激怒了。

小野的头“嗡”的一下炸开了，她搬还是不搬？就在此时，她又听到“嘣”的一声，继而是一片“哗啦啦”声，她的书包已经被“刺头”扔飞了，里面的书和笔散落了一地。

这次是阿树怒了，一拳打在了“刺头”的脸上。班里的女生尖叫着：“赶紧去找梅老师。”

梅老师是这个班的一把手——班主任，她的心情似乎每天都很好，对待每个人都很热情。小野曾心存怀疑，她的热情需要下多大的功夫才能伪装得那么逼真？她难道就没有点烦心的事，没有讨厌的人？

“梅老师来了！”女生们叫着。

只见梅老师一进教室，直接将犀利的眼神朝阿树和“刺头”扫去。她看到，阿树身上穿的衬衣已被撕破，“刺头”的眼底被打青了一片。

“刺头”见了梅老师立刻收敛了自己的嚣张，低声说：“梅老师，我要调到前面去，这有什么错？班里的规矩一向都是这样的，不是吗？可小野不换座位，阿树还帮她！”

梅老师很惊讶，她没有料到换个座位竟然能引出打架事件。她拢了拢额前的头发，严肃地说：“首先，我要检讨。因为一开学，事情比较多，忽略了换座位的事。小野同学是新转来的，对班里的规矩也不太了解，应该说，我对今天的事情负主要责任。小野、阿树、俚俚，很对不起。”

梅老师的诚恳道歉令整个班级哗然。“你们三个都回座位上坐好，我有话要说。”梅老师平复了一下情绪，“我们当中大多数同学已经在一起度过了两年，也一同经历了一轮又一轮的比拼，见证了彼此的眼泪和汗水。我相信在座各位的信念是一样的，都希望明年六月份能交出一张漂亮的成绩单，所以，因为换座位这样的事浪费了大家的时间，影响了大家的情绪，是多么不值得的一件事。同时，我需要郑重说明的是，不管高或者矮、胖或者瘦，我们都在有限的空间里享受着公平和不公平，在这件事上不公平，在别的事上肯定是公平的。我们需要有一颗平和的心去面对生命中的公平和不公平。小野个子矮，坐到后面就看不到了，俚俚你个子高，眼睛也不近视，所以俚俚如果能把座位让出来，给小野提供方便，你将感到自豪；小野，假如别人给你提供了方便，你应该感激；阿树，你想帮助小野，你的出发点是好的，但是方法不对，反而帮了倒忙。事情既然已经发生了，我也不想追究谁对谁错，其实从谁的立场出发，都是对的，但是换个立场为对方想想呢？”

梅老师说完，就轻轻退出了教室。呆若木鸡的三个人，谁也没有再说话。教室里响起了写作业的沙沙声。

小野的心涩涩的，写作业根本不在状态，如果刚才她不那么软弱，就可以大声跟俚俚争论，就不会把阿树扯进来，阿树是多么无辜啊！而她的软弱从何时起如疯草一样越长越高，她已经完全不像从前的那个她了，一个月前的她还自信满满，一年前她还是校辩论队的队长。如今，她成了一个不爱多说一句话的人。转念一想，就算刚刚跟俚俚争论又怎么样呢？一个转学来的学生，人缘不好，又能得到多少同情呢？如果因此丢了学习的机会，那就更对不起妈妈了。她知道此次借读的不易。妈妈托了高中同学她才得以来到四中，得以避开外界的追问。想到这儿，她觉得自己的软弱是明智的。

虽然换座位的事情到晚自习放学都没有人再提起，但小野觉得很对不起阿树，又担心俚俚继续纠缠着换座位。她还是把自己的书包收拾好了，准备第二天一早把座位换到俚俚那里。

B

这是一个阳光明媚的秋日，小野是踩着遍地的银杏叶走进教室的，似乎一夜之间，学校外面的银杏树叶就黄了，她的脚被什么东西硌了一下。她弯下腰，发现银杏叶子下掩藏着一颗果实。

小野笑了，懒懒地在银杏树下坐了五分钟。在那五分钟里，她的眼睛穿过银杏树叶回到了她生活了十七年的大城市A城。她每天坐着大奔上学，她的世界被保护得很好，她永远都是生活在春天，她甚至不知道银杏的果实是在这个时候成熟的。

五分钟后，小野回到了现实。教室里，她是第一个到的。把书包放到俚俚的座位上，她去了梅老师的办公室。

梅老师带着小野来到校园外面的银杏树下，意味深长地讲了一个故事：“十六岁时，我的双胞胎哥哥偷了别人的东西，我们在一所学校，那件事闹得人尽皆知。我怕别人看不起哥哥、看不起我，我整天背着沉重的包袱，爬啊爬。十七岁时，我终于爬不动了。一天夜里我睡不着，看到了窗外的月亮，那天的月亮缺了一大块。我突然就领悟了，月都有阴晴圆缺，更何况人呢！于是，我把包袱扔了，并且一直鼓励哥哥一起向好的方向努力。毕业那年，我和哥哥都被评为三好学生。小野，生活没有想象中那么麻烦，周围的人没有想象中那么可怕，他们可以包容一些犯过的错误。无论如何，我们都要好好面对自己的人生，不是吗？”

小野低着头，她不知道梅老师是不是已经知道了她家里的事情，她曾享受过的舒适生活顷刻间荡然无存，于她来讲，已经是那么耻辱的过去。

上课铃声响了。梅老师催小野赶紧回去上课。小野是小跑着回教室的。一进教室她就发现自己的粉红色书包放在了第一排她原来的座位上。她疑惑地转过头将眼神落在了俚俚身上，俚俚也看到了她，冲她耸耸肩、点点头。他座位后的阿树搬着一摞作业本跑去办公室，此时正从她身边路过，一脸的笑意。

小野坐在座位上的时候，才发现眼睛湿湿的，模糊的视线，看到周围的一切都温暖了起来。

平复了心情后，小野安静地看起书。高三了，高考成绩大过天。考试或者测验这样的字眼总能引起小野的恐慌。恐慌？！这个词在遥远的A城里的中学时代是不存在的。A城里她可以在放学后就去少年宫练钢琴，可以去陶艺馆制作陶具，可以去参观恐龙博物馆……这些，离小镇那么遥远。小镇里的学生除了学习就是学习，因为级部主任在开学第一天就说过：只有学习才能改变命运。她从来未曾听过这样的话，如果爸爸的贿赂案没有被揭发出来，她可能还过着悠闲的生活。但，那是怎样的贿赂换来的悠闲啊，贿赂案牵扯到一桩有毒的食品安全事件，那次事件导致十几个婴幼儿出现了身体畸形。她的爸爸，她可敬的爸爸，曾经被称为人民公仆的爸爸啊！她怎么能原谅他！而此前，她又是多么心安理得地享受着人民公仆因为贿赂而得到的悠闲生活啊！想到这里，小野的心就痛，她曾是贿赂案的间接受益者啊！

尽管小野不喜欢这个小镇，但好过待在A城被同学们问长问短。她也知道，她的未来确实需要用学习来改变。

小野发狠地学习。“退学，你能干什么？你爸再也没能耐帮你了，你不上学，难道要去打苦工？”在她想要退缩的时候，妈妈的话总会在她耳边响起。

小野不笨，但她的测验排名总是在班里二十名上下晃。四中竞争太激烈了，常常是上午数学测验结束，下午就是英语考试，老师们连课间也不放过，争相到教室给同学们讲解习题，当然你也可以不努力，但如果背不过课文，那么请到教室外面站着，在课间操时，整个年级的同学都会看到你的尊容。在四中，同学们比赛似的比着谁起得更早、谁背书更快、谁做题更多。这些在A城是不存在的，A城重视的是全方面发展，重视的是素质教育，A城学生的高考录取分数比其他城市的考生低几十分。所以A城学生不会把太多精力放在学习上，在A城以小野的成绩考个重点大学根本不成问题。可在四中，没有人去追问你来自哪个城市，你来到四中就得懂四中的规矩，背不过课文，照罚。小野就被狠狠地罚了一回，跟两个没有背过课文的同学罚在楼道里站着。头顶是大大的太阳照着，小野那点在A城就已经丢了多半的自尊心更被碾得粉碎。

“还敢睡！”这是小野刻在床头的一句话。当大家都在发奋读书的时候，小野怎能无动于衷，被老师罚站已经让她更加厌恶自己的不思进取。夜深人静，同学们都睡着的时候，她总要去看这三个字，她的头脑格外清醒：她一定要靠学习改变自己的命运，靠学习走出小镇，走向来时的地方。想到这些，她就有了学习的积极性。

小野渐渐习惯了小镇的生活，渐渐忘记发生在A城的事，感觉生活好像变好了一些。然而，小野又捅了马蜂窝。

晚自习结束，小野留在教室里打扫卫生。很不小心地，她把椅子弄倒了，刚要扶，生活委员包伶伶从外面走进来，她是镇长的女儿，有着富裕的家庭，每天趾高气扬地招摇过市。看到她，小野想到了从前的自己，然而，谁会料到她有今天呢？！

“你以为你是谁啊，A城来的又能怎么样？还敢弄倒我的椅子？！”包伶伶冲小野喊起来。小野不知道如何回答，包伶伶怎么会知道她的事情？阿树呢？阿树呢？小野四下张望，教室里只有她和包伶伶。包伶伶发泄完，拿了本书就走了。

小野一整夜没有睡。现在网络那么发达，还有什么能够瞒得了！很快，四中的人都会知道，她有一个那样的父亲。她受了很多委屈，但在小镇发生的所有事情，小野都没有告诉妈妈。她的妈妈正在为爸爸的事情四处奔走，复式小别墅被封了，爸爸受贿的钱也上交了，妈妈只能租平房住。小野要把手机卖了，这样可以省点钱，但妈妈让她留着，还在手机卡里预存了二十块钱电话费，嘱咐她遇到特别重要的事时再给妈妈打。

小野是坐在操场上仰望蓝天的时候发现阿树的。阿树远远地坐在操场的另一侧，也在仰望蓝天。能和阿树看同一片蓝天，小野心里涌动着莫名的幸福！

尽管小野很希望自己能打起十二万分精神积极地学习，但她就是不能集中精力。上课时，她经常会若有所思；下课时，也是魂不守舍。她的手机是在凌晨响起的："我知道你没有睡，但是睁着眼到天亮也不能解决问题啊，考大学是唯一出路呢！有什么心事就告诉我吧。"署名是：阿树。

从那天起，不开心的时候，小野就会给阿树发短信。

十一到了，学校放假七天。小野此番来小镇读书就是投奔小叔来的，但小叔一家不在镇上住，她爸出事后，小叔一家唯恐躲避不及，连个面都不照。虽然她有小叔家的钥匙，却并不想迈进那个房屋一步。

小野无处可去，阿树就带小野去了他家。那是一个干净的庭院，庭院里种了花，黄的、粉的、紫的菊花，开满庭院。几只蜕了毛的母鸡在院子里扑棱着翅膀东寻西找。小野看着院子里一畦畦碧绿的植物，惊讶地说："都秋天了，怎么还有麦子。"太阳底下，阿树笑得前仰后合，"那是韭菜。"

小野笑了，眼睛里笑出了眼泪。"小心！"阿树惊叫着俯下身来，捏起两个手指，把爬到她裤腿上的螃蟹拿了下来。小野惊魂未定："你家养了螃蟹？"

"不是，河里抓来的，现在正肥。"

"'螃蟹街'为什么要叫'螃蟹街'？"

"因为小镇附近的河里盛产螃蟹，在贫困年代，曾经解决了很多人的温饱问题。大人们说，螃蟹还有别的寓意，每个人悟出的道理不一样。"阿树目不转睛地盯着螃蟹，又极认真地将目光转移到小野身上，"小野，我们一起努力考大学吧，考上大学你就不用在这里受气了。"阿树的眼睛澄澈透明，话语间没有一丝媚俗。就是这三言两语，彻底偷走了小野的心，简单的、毫无心机的。

笑，小野仍旧是笑。为在这个小镇，遇到这样一个男生而喜悦。

阿树的妈妈喊着："吃饭啦。"那喊饭的声音，那么熟悉，那么亲切。

小野和阿树的距离因为十一而拉近了。他们约定要一起努力，考到外面去。于是开学后的每晚，阿树都要问小野今天学了些什么，哪些地方不懂，第二天会有针对性地帮她补课。"希望你努力每一天，过好每一天。"在阿树的鼓励下，小野对自己也充满了信心："我要一次次地超越自我。"

一次次测验，小野的成绩一次比一次有进步。她嘴上不说，心里是感激阿树的。那感激又是不能轻易流露的，她知道，这样的年纪，很容易陷进早恋里去。其实她是洞察了些什么的，没有无缘无故的好。阿树是喜欢她的。

她喜欢他吗？小野不敢想。她的爸爸关在牢里，她的妈妈东奔西走，她没有资格去喜欢一个阳光男生。然而，事情并不是想象中的那样，想要如何发展就如何发展。圣诞节那天晚上，小野和阿树从梅老师的办公室回来，突然停电了。整个校园一片漆黑。教室里不时传来“圣诞快乐”的大惊小叫声。小野的手突然被什么握住了，她想挣脱，扭捏了几下，任由阿树牵着朝教室走去。

还未走到教室门口，电灯突然又亮了。小野迅速地将手从阿树手里抽回来，灯光下他的脸明显地红了一大片。她呢？很想若无其事地朝教室走去。但显然，她的脚步有些慌乱，与正欲从教室出来的梅老师撞了个正着，梅老师正要训斥，看清楚是小野，便丢下一句“以后走路小心点”后，去了隔壁教室。

坐到座位上，小野喘息未定，只觉得心还怦怦地跳得很快，连书上的字也跟着跳。她没心思去想书本上写了什么，她在回味，刚刚牵手的那一刻，阿树的手是温暖的，让她无法躲闪。

一整个晚上，小野没有翻过一页书。也许，这就是幸福吧。而如她期待的一样，阿树的短信十一点时，总会到来。“早点休息，改天带你去小镇外面的河边玩吧。”

小野没有回短信，但她在期待着，和阿树一起在河滩上飞奔……

然而，小野怎么也没有想到，当她的期待终于成真，当她和阿树穿着笨重的棉衣在河滩上飞奔，当跑累了他拉她在大石头上坐下休息，当他俩两两相望之时，天要塌下来了，因为，一个声音如同一堵硬生生的石墙一样立在他们眼前，“马上给我回办公室。”是级部主任的声音。

C

说完，级部主任就跨上了他的单车。从河滩到学校不过五分钟路程，小野低着头坐在阿树的单车上，跟在级部主任身后，小野和阿树默不作声地骑到了学校门口。

下了单车，阿树和小野的脚步不快也不慢，但每走一步她都要算一算还要多久能走到级部主任的办公室，迎接他们的必然是狂风暴雨。

站在办公室里，小野的心提到了嗓子眼，她知道她不能惹事，不能让妈妈大老远跑来小镇处理她的事情。她只能沉默。

沉默总是有限度的，级部主任先沉不住气了，“交代吧，不用我问了吧？”级部主任一开口便是这么生硬。

“老师，我们没什么。”阿树接上了话。

级部主任显然对这个答案不满意，“反了，反了。我看你们两个真是反了，学着早恋了。”

“我们没早恋。”阿树分辩道。

“还说没早恋，我都看见了，你们可是深情相望啊。阿树，你可是尖子生啊，你怎么能跟着小野学坏呢。你们要高考了，还有心思谈恋爱。”

“我没跟她学坏，我们真的没什么，就是互相看了对方一眼。”

“还就是互相看了对方一眼，说得这么轻松，你知道情节多严重吗？好，你就跟我犟吧，你们就早恋吧，你们要是考不上大学，我就在每年的开学典礼上点你们两个人的名字，把你们当早恋的反面教材。你们先在这里好好反思。”说完，级部主任摔门出去了。

阿树说：“没什么可反思的，都什么年代了，就算真的谈个恋爱能怎么样，至于这么大惊小怪嘛！走，我们回教室。”阿树是被小野拉住才继续留下的。小野知道，阿树有幸福的家庭，他的爸爸妈妈那么通情达理，就算级部主任找来他的家长，他也没什么压力和负担。可是她呢？不过是一只落架的凤凰！此时此刻，谁会在意她的压力。所以就算再不情愿，她也必须接受这被迫的反思。

一直到晚自习结束，小野和阿树都快饿昏了，级部主任都没再出现。

小野和阿树在晚上十点钟被梅老师领回她的办公室。办公桌上放着两份热气腾腾的饭。“来，先把晚饭吃了，你们的事不着急，吃完再说。”梅老师说。

“老师，我们没什么事。”阿树说。

“没事更好，先把饭吃了。吃完饭回宿舍睡觉去。”梅老师用命令的口吻说。说完之后，她也走了。

小野和阿树实在太饿了，但又都吃不下去。他们的筷子不时碰到饭盒，在安静的办公室里，喳喳嘁嘁的声音格外入耳。两人不说一句话，似乎各有心事。饭毕，又相对无言地往宿舍走。

男生宿舍就在女生宿舍的后面，阿树把小野送到女生宿舍路口，看她走进宿舍，方才回了自己的宿舍。

回到宿舍，阿树发了短信给小野：“别想太多，早点睡。”小野回他：“嗯，明天才有精神努力学习。”

话虽这么说，但在这样一个月高风清的夜晚，怎么睡得着。这一晚失眠的人不只是小野，还有阿树和梅老师。

小野和阿树不知道接下来梅老师会如何处理他们，毕竟这不是大城市，闭塞的小镇对早恋还是很忌讳的，这一点从级部主任的态度上就能看出来。而梅老师，也不知道该用怎样的方式让这两个有着鲜明个性的学生明白现在高考是当务之急，高考胜于任何事情。

暴风骤雨没有如预计的那样到来，梅老师只是端着茶杯坐在椅子上，“你们已经过了十六岁，有选择的权利。我得承认，你们两个真是天生一对。”梅老师略微点点头，停顿了一下。小野也在思忖，梅老师这算是批评吗？她实在猜不出她对他们的事持什么态度。

“然而光有喜欢是不够的。高三一年，你们互相喜欢，这我相信。如果考上大学，你们相爱，我仍然会相信。如果你们能幸福地一直相伴到老，我会祝福你们。可是如果其中一个没有考上大学呢？生活在不同的世界，有着各自不同的朋友圈，各种差距会越来越大，那时候，你们还会相爱吗？小野、阿树，你们已经不是小孩子了，生活不是儿时的过家家。”梅老师的话不长，说完便放他们走了。

小野和阿树都承认，梅老师说得没错，生活确实不是过家家，但谁又能阻止两颗年轻的心在一起呢！未来？！妈妈？！想到这些，小野感到极度恐惧，她要怎么面对妈妈及妈妈压在她身上的期望！

新一天的太阳升起的时候，阿树和小野同时来到了教室。只是方向不同。一个从北楼梯上楼，一个从南楼梯上楼。相遇的地方，是教室门口。

轻轻点头，除此之外，小野想不出别的打招呼方式。

轻轻点头，除此之外，阿树也想不出别的打招呼方式。

轻轻点头，也许就是最好的表达吧。

阿树的短信，每天晚上还是准时发送，小野照例告诉他哪些问题没有弄明白。第二天，依然是阿树给小野讲解习题。此外，他们很少说话。偶尔他们会因食堂里没了座位才坐到一起吃饭，阿树总会把肉夹在小野的饭盒里，阿树说：“你个子长高了不少了呢，有一米六了吧？就是太瘦了，得多吃点肉。”阿树的只言片语让小野到晚自习的时候还回味。阿树是第一个除爸爸以外对她那么关心的异性。想到这些，小野躲在被子里偷偷地哭起来，眼睛里流出的都是幸福的眼泪。

小野对河滩上两人的对望虽然怀念，但梅老师的一番话已经起到了作用，她一直告诫自己不能深陷其中。有时，她又恍惚觉得河滩上的一幕不曾发生过，不然为什么曾经暴跳如雷的级部主任三缄其口，没有再来找他们，梅老师的微笑也仍旧像从前一样温柔。

平静的日子里，小野会把去小镇集市上买回来的猕猴桃放在阿树的桌子里，阿树也会给她一个会心的笑。这样的生活平静得稀松平常，小野的成绩却让她无法再平静。数学测验，她勉强及格。阿树替她着急："这道题我给你讲过的，你当时做得很好的。"阿树发现好多小野会做的题都出了错。

"阿树，我把猕猴桃的皮削了，切成一片片的，赶紧吃吧。"包伶伶端着小碟子凑了过来，举着插着牙签的猕猴桃肉，往阿树嘴里送。小野已经知道，包伶伶的父母和阿树的父母给他们两个订过娃娃亲，包伶伶从来不把阿树当外人。但小野受不了这样的肉麻镜头，"也许我天生不是学习的料吧！"小野也着急了，她最怕阿树嫌她学习不好，与包伶伶相比，她的成绩更是差一大截。

阿树用手臂把包伶伶的猕猴桃挡在一边，继续追问，"你一定有心事吧？情绪不稳定会影响考试发挥的。"

"我没什么事，真的。你回教室吧，我想安静一下。"小野好说歹说把阿树劝回了教室，她不知道她和阿树还能相处多久，如果阿树知道了她爸爸是那样一个人，他会怎么看她？但无论如何，她的成绩必须得全力以赴了。

小野算了算高考的时间，还有半年。半年时间里，她要怎样拼搏才能考上理想的大学呢？正当小野盘算的时候，惊喜却来得让她措手不及。梅老师转告小野，小野的妈妈来电话了，小野的姑姑在英国，要给她办理去英国留学的手续。大约四月份动身去英国。

D

真要离开这个小镇了吗？就要和这个待过几个月的小镇告别了？小野盘算着哪些东西需要带走，哪些东西可以送同学，还有哪些东西弃于垃圾桶。

小野约阿树在校园后面的小树林里见面。

“真的要走啊？”阿树不相信地问了一遍又一遍。

“嗯，我姑姑说在帮我办手续。”

“我会想你的。记得写信啊，等大学毕业了，我去英国找你。”阿树说。

“我也会想你的。”说这话时，小野的眼泪在安静的午后扑簌扑簌地落下来。

如果阿树说的那一句“我会想你的”百分之百是心里话，那么小野的“我也会想你的”虽也是百分之百的心里话，但已不及阿树那般真诚。相对而言，眼下的离别虽然让她感到难过，但未来在英国的生活更让她期待。想到这，小野不禁为自己的变化吃惊，她不是曾向往着和阿树能有一个美好的未来吗？怎么说变就变了呢？！

“三月风，四月雨，带来五月的花。”这是对英国季节的描述，颇具诗意。每到五月，漫长的冬季便为春天所取代，花儿也都开始露出笑脸。特别是到六月，大街小巷开满了英国的国花——玫瑰。那么，小野来到英国的时候，应该会遇到英国的雨，然后五月花开，多么浪漫的季节啊！她还可以到大英博物馆去饱眼福。据说，博物馆大得像迷宫一样，进了迷宫就像穿越了埃及、亚述、希腊等文明古国。她还可以逛大英图书馆，里面展示的都是代表英国最重要、影响最深远的文献资料、书籍手稿，英国著名作家莎士比亚、狄更斯的手稿就保存在那里呢！她还可以逛各种主题式书店，多么美好的世界啊！

小野对赴英国学习的那份期待是掩饰不住的，就连阿树提议把各自的心愿写下来，埋在校园后面的小树林第一排第三棵树下，小野都有些意兴阑珊。而阿树却在大雪天里极认真地挖坑，郑重地埋下心愿。“我们的心愿会发芽的。”阿树一本正经地说。“等我们的心愿发芽吧！”小野知道自己是在敷衍，却无法拒绝阿树的提议。

也许阿树没有听出小野话里的牵强，但小野在短短几天里想了很多，每每想到梅老师的话，都会让小野重新审视自己的人生。

“然而光有喜欢是不够的。高三一年，你们互相喜欢，这我相信。如果考上大学，你们相爱，我仍然会相信。如果你们能幸福地一直相伴到老，我会祝福你们。可是如果其中一个没有考上大学呢？生活在不同的世界，有着各自不同的朋友圈，各种差距会越来越大，那时候，你们还会相爱吗？小野、阿树，你们已经不是小孩子了，生活不是儿时的过家家。”梅老师说得没错，她和他还不足以为自己的人生做主，一张去英国的机票就让她抑制住了对阿树的喜欢。她的喜欢为什么会那么脆弱呢？小野的心里生长出两个声音，一个声音埋怨着自己不重情不重义，另一个声音急不可待地要奔去英国。

然而，谁又能想到世事难料。小野的妈妈来电话了，她的留学申请没有批下来，她可能去不了英国了。“可能？可能是什么意思？”小野在电话这头一个劲儿地问。“就是今年去不了了，不过以后还是可以去的。”妈妈小心地解释着。

挂了电话，小野趴到床上，哭了一天。阿树的短信一个接一个，“去不了英国也没关系，在中国也挺好的，努力考大学吧。”“现在去不了英国，等我们长大了，可以一起去啊。”

阿树的短信，小野一个都没有回，她知道阿树的好，她更清楚，谁都帮不了自己，只有自己拯救自己。

梅老师找小野谈话。她们围着操场一圈一圈地走，“这样的事情对你来说，有些残忍，但这是事实，对吧？既然是事实，我们就要鼓起勇气面对。”

小野垂下头，“梅老师，我该怎么办？我想考一所理想的大学。可这半个月的时间我都没怎么复习。”

梅老师深深地松了一口气，她轻抚着小野的短发，轻轻地说：“五个月的时间，只要把时间充分利用起来，对你来说，考上重点大学并不难，更何况你的户口还在A城，A城对本城学生的高考政策是有倾向的。我会请各位任课老师帮你做一份复习计划。你，肯定没问题的。要不，咱们来一个约定，每天晚上你学习累了，就发短信给我，我们谈谈心，千万不要怕打扰我。”

有时候，信任和鼓励就像兴奋剂一样能给人无穷的力量。梅老师就是给了小野力量的人。小野对自己的时间和饮食进行了规划：早饭，一枚鸡蛋加一个馒头；午饭，只吃一份肉菜和米饭；晚饭，一份青菜和米饭，她还要再买一枚鸡蛋，留在晚上熬夜饿了的时候补充能量。周末，住校的同学总要到校外买一些零食和水果，小野从来不去买，她再也浪费不起时间。

除了体育课和必要的事情要出教室，小野的时间全部用在了埋头苦读上。她要用崭新的姿态迎接那一场战争，她和高考的战争。

每天晚上，小野都会发短信给梅老师，有时会说一下当天的收获，有时也会有放弃的念头，每次梅老师都会及时回复。但有一次，小野的短信是在子夜一点发出的，她以为梅老师肯定已经睡了，没想到的是，梅老师竟然马上回了短信，“你的放弃决定着你一生的命运，小野，加油。”梅老师都这么执着，她有什么理由放弃呢！小野的世界就只有学习了！

阿树也在不分白天黑夜地忙自己的高考，等小野想起已经好久没有和阿树聊天了，没有坐在一起吃饭了时；想起同坐一个教室，已经好久没有眼神交流时，三个月已经过去了。初夏，距离高考只有一个星期了。

小野简单地收拾了自己的行李，她要回A城参加高考了。

校门口，传达室大爷把一封信交给小野。“梅老师写给你的，她说这封信，等你高考以后再看。”小野看了看信封上，画着蓝蓝的天空，天空上一架飞机，飞机上面写着“伦敦”，飞机窗口坐着一个短发女孩。信封中间，写着大大的两个字：“理想”。

小野微笑着，把信封压在自己的书包夹层里。然后，信心满满地拉上自己的皮箱坐上了回A城的车。

高考三天，没有任何人来送考，小野出奇地镇定，考场发挥出奇地好。她很满意自己高考的表现。

高考结束，小野把书包扔在了桌子底下。那些书，她再也不要看。“找个地方打工吧。等上了大学，你就必须得学着自己照顾自己了。你爸的事，已经让家里吃不消了。”妈妈憔悴地说。

小野平静地到监狱看望了爸爸，又去“永和大王”快餐店应聘，打工、照顾家庭，这是她的责任。一个月后，录取通知书送到了家里。上面白纸黑字：北京大学。

啊！！！我考上啦！！！小野想对全世界喊，她考上北京大学了！但她最想告诉的那个人是梅老师。这时，她才想起了梅老师的那封信。信呢？被她藏在书包里了！书包呢？书包被她丢在桌子底下了。小野在一堆书底下找到了她的书包和梅老师的信。

E

拼到最后的女生，小野：

你好！不知道你考上大学没有，但以我对你的了解，考上大学，你会继续努力学习，考不上大学，你也不会自暴自弃的。

老师一直想要告诉你，你是一个坚强的女孩，人生会遇到很多事情，好的、坏的。但不管遇到什么事情，你都要坚强下去，你不能决定你的出身和家庭，但你可以决定你如何更好地活着，为自己的未来去拼搏。

还有，请原谅我，你有一个在英国的姑姑，这只是一个谎言，是想让你明白年少时爱情的苍白和脆弱。尽管我们都不否认，那些爱情确实很美好。相信，你也会好好珍藏的。

祝你平安。

梅美

2008年5月6日

这封信原来是梅老师早就写好的，只是高考前才交给她的。姑姑的事是一个谎言？梅老师早就知道这是一个谎言？但谎言又有什么呢，如果没有这个谎言，她怎么会跨进大学的校门呢！

小野急忙拨了梅老师的电话，关机。打学校传达室的电话，看门的大爷告诉她，梅老师动手术了，就在高考前一个礼拜。这么算下来，梅老师动完手术已经有一个多月了。

小野要回小镇一趟。上次离开的时候，她故意把一些衣服留在了宿舍里，是想找借口回学校，去看看梅老师，或者能够遇到阿树。

坐上车，颠簸了一路，小野呼吸到了小镇的空气，熟悉的带有乡土的味道。下了车，她就向学校的方向跑去。阳光下，什么东西晃了她的眼睛，抬头一看，标有“螃蟹街”的指示牌刚刚用红漆漆过，明晃晃的。小野没心思打量它，找梅老师要紧。

跑到学校的时候，小野已经满头大汗，传达室的大爷告诉她，梅老师动完手术就回小镇了，现在住在学校家属院里。

小野飞奔到家属院，梅老师不在。她的爱人，那个诚实温良的小镇上的公务员说她去办公室了，最近来看她的学生特别多。

又是一阵飞奔，小野终于爬到了三楼的教师办公室。梅老师果然在，她穿着方格衬衣，卷卷的头发在阳光下格外好看。听到声响，梅老师缓缓回过头来。那一瞬间，小野七上八下的心安静了下来，小野认定那是世界上最美好的画面。

温和的声音再度响起，“小野来了。”

小野“哇”地就哭了，“梅老师，我以为再也见不到你了。”

“傻孩子，只是一个腿部手术，只是暂时不能走路。”小野这才发现梅老师是坐在轮椅上的。

从梅老师那里，小野知道，阿树考上了上海的一所大学，伶伶也考去了上海，伶伶一直喜欢阿树，她说她要一直追着阿树走。俚俚的家人送他去伦敦留学了。“俚俚的家住在A城，说起来你们没有在A城遇到，却在螃蟹街认识了。俚俚让我转告你，他在伦敦等你。其实，那个关于你有个姑姑在英国的事情，是俚俚想出来的。阿树后来不理你，是因为我找他谈话了。”听着梅老师细数每个人的过去和未来，小野有片刻恍惚，以为大家都在，都还那样少不更事，却在高考后就各奔东西了。

告别了梅老师，小野来到校园里，她想在校园里走一走。八月的校园里绿意盎然，野草疯长着，鸟儿们互相追逐着，说着玩笑话。小野的眼睛停在了小树林第一排第三棵树下，就是那个下雪天，阿树和小野在这棵树下把心愿埋下了，等待它们慢慢发芽……

小野找了段小树枝，认真地挖起来。没费多大工夫，两个小纸团就安安稳稳地坐在她的掌心了。小野用手轻轻地一层一层地揭开，很多碎纸屑落了下来，那纸团被天蓝色的钢笔水晕染得蓝迹点点。小野想起，这几个月里，下过两场雨。

手里的纸团重新被小野攥紧，放回挖好的小坑里。土一点一点、一点一点地将纸团盖上，小野犹豫了一下，终于还是抬起了右脚，将挖好的小坑用脚踩实。阿树写下了什么，她不想知道，她当时写下了什么，她也不愿再去回忆了。

在校园里绕了一圈，小野来到宿舍，收拾了自己的旧物。

“咚咚”有人敲窗户。是阿树，两手泥巴，小野会心地笑了。

看到阿树，多少往事雨一样迎面而来，浇得小野的心都湿答答的了。小野想对阿树说点什么，可直到收拾完旧物，两个人说的都是些“以后多联系”“有空到上海来”之类的话。关于圣诞节那天的牵手，关于那个河滩上的两两相望，关于彼此心存的美好往事，谁也没有再提起。

阿树提着小野的旧物，两人一前一后来到校门口，阿树突然很郑重地说：“对你的爸爸好一点，他犯再大的罪，也是你爸爸。”小野以为阿树什么都不知道，却原来，他什么都知道。

“嗯，我会的。”小野用力点点头，然后两人相视一笑，互相说了声：“加油！”

小野彻底跟高三说了再见，尽管曾经疲惫不堪，甚至想要放弃，但她熬过来了。小野更深深地知道，与其说熬过了高考，不如说熬过了内心的挣扎，活出了崭新的自己。她和阿树也许还会相遇在某个地方，也许那是多年以后的事情了。

小野如来时一样，回望着眼前的学校，这哪里是传说中的“第四监狱”，这里充满着爱和希望。在校门口正对着的那间三楼的办公室，她看到了一张微笑的脸。墙外的爬山虎正勇敢有力地向着高空爬去。而前方五十米，螃蟹街的指示牌远远地就映红了她的眼睛。眨眼的那一秒，小野悟出了用“螃蟹”命名这条街的含意：尽管短暂的一生需要蜕壳数十次，一次次地在生与死之间进行着较量，但螃蟹从来没有放弃过重生的机会，即使横着走路，也不感觉自卑，不会贬低自己，而是勇敢地向前，向前。

“有一种东西真是可怕。”我们都知道小野说的是什么，她说的是光阴，但光阴又恰到好处地赠予了我们一些深刻的，人或事。

拎起行李，小野对自己说：“别哭，加油！”

十年前，这个巷子里有好多家店卖好吃的。
肉合饼和鸭油烧饼是他的最爱，
牛肉馓子煲让他想起来就流口水。
十年前，邻居们经常端着饭碗到巷子里吃饭，
热闹极了。
夏天晚上太热，大人孩子还可以到巷子里乘凉，
常常是大人摇着蒲扇，
孩子坐在凉席上听老人讲那些讲了千遍万遍的故事，
他们听着听着就睡着了。

少年，蝴蝶巷

A

撞到郑直的时候，许凌志还在心里跟爷爷奶奶闹着别扭，那件他看中的红色卫衣，大人们不肯给他买。

许凌志戴着耳机，耳朵里回旋着陈奕迅唱的《浮夸》，“你当我是浮夸吧，夸张只因我很怕，似木头似石头的话得到

注意吗，其实怕被忘记，至放大来演吧，很不安怎去优雅，世上还赞颂沉默吗，不够爆炸，怎么有话题，让我夸，做大娱乐家。”

最近，许凌志迷上了这首《浮夸》，写的好像就是他自己。他沉浸在自己的世界里，不想把自己的事说给任何人听。他正兀自恼怒，迎面撞上了急匆匆跑来的高个儿男生，这个男生没站稳，一脚踩在他脚上，他新买的名牌鞋顿时花容失色。他火大，张口就来：“从哪儿冒出这么一个土包子，没长眼睛啊？”

高个儿男生迟疑了一下，看了看穿在身上洗得发白的汗衫，小声说了句“对不起”，然后红着脸跑开了。

许凌志心疼自己的鞋，蹲下身子擦呀擦，哪儿还能恢复如新，他望着高个儿男生远去的背影，小声嘟囔了一句，“果然是个土包子。”

开学第一天让人给踩了鞋，这让许凌志的气儿很不顺，希望这样晦气的事不要再发生。但，接下来的事很邪乎，他看着座次表，寻找自己的座位。找到后，他看到他的座位旁边坐着那个土包子。

许凌志看着身旁的高个儿男生，赶忙拍了一下脑门，仿佛希望这是一场梦。“穿得这么土，怎么就进了一中呢？更要命的是，还跟我是同桌。”许凌志直犯嘀咕。市一中学生的出身非官即贵，这么一个土包子是凭哪门子关系进来的？

许凌志拧开瓶盖，咕咚咕咚地喝了两口饮料，重重地将饮料瓶放到了课桌上，以示对土包子的不满。

班主任来了，看长相，是个比在座同学大不了几岁的姐姐式人物，姓戚，名熙。“你们都快成年了，就快成大人了，我废话少说，希望未来大家能够和平共处。”

如此简单扼要的自我介绍，想必这位班主任也是一个干练的主儿。许凌志暗想：“既来之，则安之。能到一中也不容易。”想到这儿，他翻开课本，在上面写下了自己的名字。

一旁的郑直，一言不发。郑直想家，来学校的第一天，就开始想念乡下的姥姥姥爷。这个季节，田里的农作物要收了，往年，他放学后都要帮姥姥姥爷干点儿活的；今年，姥姥姥爷指望不上他了。

开学前，郑直就对这个城市向往着，又担忧着。向往，是因为知道，将来某一天，他会走出乡下，经过这个城市，往更大的城市走去；担忧，是因为知道，往更大的城市走的路不会那么顺利，当下，他就极担心自己的英语。他的英语在乡下中学是最好的，但若跟城市里的同龄人比，相差十万八千里。

如他所料，在戚老师的英语课上，郑直浓重的乡下音遭到一波又一波的嘲笑。糟透了！糟透了！郑直在课堂上说不出话来，即使下了课，一个人的时候，他看着一个个熟悉的单词也只敢悄没声儿的在心里念。

B

戚老师几乎每天晚饭后都要给郑直补英语，但他就是张不开口。他怕一张口，他的怯会露得满处都是。他怕一张口，英语老师也会像他的爸爸妈妈一样抛下他，未来三年他将生活在怎样的黑暗里，他不敢想。

郑直的想法没有人知道，即使将他养大的姥姥姥爷也不知道。郑直觉得累极了，从小，姥姥就告诉他，要努力读书，将来到国外找爸爸妈妈。他一直以为是自己不会说英语，爸爸妈妈才扔下他到美国去的。所以，初中一开始学英语，他就狠下了番功夫，每次英语成绩都是全年级第一。

如今，在这个陌生的大城市，郑直以前攒下的自信荡然无存了。更让他难以接受的是，因为之前结下的梁子，许凌志对郑直一直没有好脸。郑直的外号——“土包哥”也因此在班里传开了。

每次补课，郑直总会在戚老师办公室里看到班长戚千旋，戚老师是她的姑姑。一看戚千旋的着装，郑直就知道这个女孩的家世很好，她皮肤白皙，留着短短的头发，即使穿着校服也显得异常清秀，说话办事极认真，真是嘎嘣利落脆。

郑直有时想，如果在乡下上高中，他就仍旧是那个意气风发的高个儿男生，他学习在全年级排第一，他身姿敏捷，篮球投得又猛又准，他被同学们围着、推崇着。来到一中，已完全找不到那种感觉，虽然班主任任命他为学习委员，但他学习并不出色，班里的戚千旋才是学习高手，他总是担心让班主任失望。

戚千旋在班主任办公室时，郑直连头都不敢抬，更不敢把英语说出口。戚老师说：“你是有什么心事吗？能告诉我吗？其实这个世界上没有什么过不去的坎，一中大多数学生的家境都很好，但一个人如果仅凭着家境条件，在人生这条路上能走多远呢？你的学习成绩那么好，这是很多学生无法比的，这也是支撑你在人生这条路上走远的最重要的因素。”

郑直红着脸，毫无表情地听着，戚老师说得越多，他脑子越乱。他不知道是怎么走出戚老师的办公室的。

在办公室走廊的尽头，戚千旋站在那儿。夕阳西下，照得郑直的脸更加红了。

“你是以全年级第一名的成绩考进一中的，你好厉害啊！”戚千旋说。

郑直却想逃，他怕更多人知道他考第一名的事，他怕某一天他的成绩会一落千丈，他多怕噩梦会应验。

“没有什么，其实同学们都比我好。”面对班花，郑直脑子嗡嗡作响。

郑直的话让戚千旋觉得莫明其妙，但她还是说：“你自己够好的了，干吗那么谦虚？谦虚使人落后呀！”

说完，戚千旋就笑了两声，背着书包走了。

C

晚上，郑直仍旧噩梦不断。先是很热地在沙子铺成的路边等人，等到快虚脱了，等的人还没来，他快支撑不下去了。接下来，他梦见妈妈提着行李箱，跟他说再见，再见……

噩梦重重，折磨得郑直再也睡不着，他悄悄穿了衣服到楼道里背单词。背着背着，困意袭来。过了一会儿，他坐在楼道里睡着了。

周一下午第二节课，戚老师说要上一节没有主题的班会课。她在课件上展示着名人的故居，凡·高故居里的一张小木床，林肯生活过的破旧阁楼，鲁迅住过的大院子……没人懂戚老师的用意。她只在班会结束前幽幽地说："在座的各位来自不同的家庭，家境好的不必多么自豪，因为家境不是你创造的；家境差的不必多自卑，因为你可以创造美好的未来。现在网上流行一句话，别人有的是背景，而我只有背影。我想把这句话重新诠释一下，虽然我有的只是背影，但我要成为自己的背景。"

这番话，触动了郑直。他望着戚老师，他知道，这节班会，对他而言，是有着特别的用意的。

晚上，郑直照旧做梦。梦见自己掉进水里，没有沉下去，可以呼吸，没有呛水。有两个人看到了他，想救他，可是两个人的手上都是油，他的手上也有油。怎么救也救不起。后来，他自己扒住水边的草，一跳，竟然上岸了。

醒来，郑直对自己说，不要渴求别人搭救，自救在很多时候都是最管用的。

打开心结的郑直心情变好了许多。周末，他没有回乡下姥姥爷家，而是来到了西蝴蝶巷。西蝴蝶巷是一条老巷，与之相对应的是东蝴蝶巷，两条巷都不长，也就五十米。两巷中间有一个寺，红色的高墙，既威严又清静。

郑直喜欢这条小巷，他从巷头走到巷尾，在红墙与绿草边数着脚步。

“嘿，逛街啊。”这个城市这么大，郑直与许凌志竟然偶遇上了。许凌志先打的招呼。他大概是从商业街购物回来，全身上下一水儿的新衣服，那件他梦寐以求的红色卫衣也已穿在身上，走在路上，潮人范儿十足。大概他正需要人帮忙，毫不客气地把购物袋放在郑直脚下，跟他说“帮我看一下东西”，没等郑直答应，就跑到街角买回两杯冷饮，他自己喝一杯，把另一杯递给郑直。

郑直接过冷饮，不知如何是好，但毕竟两人做了一段时间的同桌，他已没有先前那么拘束，两人坐在巷口的石沿上，有一搭没一搭地聊着。

“这条街很老了。”许凌志说。

“嗯。”

“你会溜冰吗？改天一起去吧。”

“我不会。”

两人话不投机，大概许凌志也觉得跟郑直聊天实在很无趣，悻悻地说，“你慢慢逛吧，我先走了。”说完，独自拎着几个袋子转进了西蝴蝶巷里。郑直想，他的家大概就住在这里。

剩下郑直，坐在巷口，向两边张望。十年前，这个巷子里有好多家店卖好吃的。肉合饼和鸭油烧饼是他的最爱，牛肉馓子煲让他想起来就流口水。十年前，邻居们经常端着饭碗到巷子里吃饭，热闹极了。夏天晚上太热，大人孩子还可以到小巷子里乘凉，常常是大人摇着蒲扇，孩子坐在凉席上听老人讲那些讲了千遍万遍的故事，他们听着听着就睡着了。

想起这些，郑直的头很疼。十年里，他不断劝说自己忘记西蝴蝶巷的所有记忆，他不断告诫自己他是被父母抛弃的，有一天他要跟他们算账。可为什么他的仇恨爆发时，头会这么疼？

“郑直。”又有一个声音在喊他，郑直抬起头。

D

“你在这里呀，我一个人溜冰很没意思，一起去吧。”是戚千旋。

“我不会。”

“不会可以学嘛，学校可能要举行溜冰大赛呢！”

郑直站起来，拍拍裤子上粘的土渣渣，随戚千旋去了溜冰场。

许凌志也在，酸溜溜的对郑直说：“你不是不会溜冰吗？”

“不会可以学啊。”戚千旋抢着说。

许凌志皱了下眉头，他惹不起戚千旋。做了两个月的同学，许凌志不是不知道戚千旋多有人缘。戚千旋是班花、校花，各种奖项、各种代表被她尽收囊中，她确实是有气质、有才干的一朵花。

许凌志暗暗地喜欢着这朵校花。只要她笑了，他就像看到了春天。上周，他半开玩笑半认真地对她说："下午有篮球比赛，你要是来看，我肯定能为咱们班争第一。"

戚千旋也半开玩笑半认真地说："满球场的帅哥，不看白不看。"戚千旋微笑着，许凌志心里乐开了花。

事实上，戚千旋很少看许凌志的篮球比赛，这次也没来。她的失约直接决定了许凌志下午的状态，他的状态很糟糕。他被队友们骂了一遍又一遍。戚千旋竟然放他鸽子？！许凌志一想就来气。让他更来气的是，打完球回到教室，他竟然撞到校花坐在他的位子上，跟郑直窃窃私语，两人离得那么近。

许凌志的气蹭地就上来了，不管不顾地在她对面坐下，擦起自己的桌子，晃得桌子咣咣响。戚千旋撇了下嘴，不高兴地走了。

在这个热闹的溜冰场，许凌志的心里直蹿火，尤其看到郑直换上溜冰鞋，戚千旋拉着他的手，带着他在外圈学习最基本的动作时，许凌志觉得自己仿佛受到了郑直的羞辱。

郑直的协调能力不强，东倒西歪，戚千旋不敢松开拉着他的手。这一幕，刺得许凌志的两眼直冒火。他用眼睛直勾勾地盯着郑直，犹豫了瞬间，飞速地滑了过去。

"哎哟。"郑直摔了一个四脚朝天，人滑向一边，撞到了护栏上。

"怎么了？"戚千旋赶紧去扶。郑直却动不了。戚千旋拿眼睛狠狠地盯着许凌志，逼得他步步后退。"我……刚才没控制住，才撞到郑直身上的，我不是有意的。”

戚千旋拨了120。

在医院里，医生为郑直诊断的结果是：右腿骨折。

许凌志心里那股妒火荡然无存，只觉得脑子一片混乱，他的脸吓得煞白。怎么办？怎么办？他可闯了大祸了。

戚老师来了，问郑直要不要通知家人，郑直说不用。

许凌志的爷爷奶奶来了，看到孙子闯了祸，忙跟郑直赔不是，连连说，医药费他们付，误下的功课，他们找老师给他补。

郑直点了点头，也只能如此了。

E

伤筋动骨一百天。第一个月时，郑直就要求回趟姥姥家，怕姥姥担心。戚老师说，已经给他姥姥打过电话了，说周末要上课，让他们不用担心。

许凌志撞了郑直后，戚千旋对他冷眼以对，连话都不跟他说了。这让他心里难受极了，恨自己一时冲动害了郑直，也让戚千旋对他的做法不齿。

为了补救自己的过失，每天放学，许凌志都先回趟家，拎着奶奶煲的汤往医院跑。一来二去，郑直对许凌志已没什么怨恨，戚千旋对他的态度也转变了一些。

也许是奶奶煲的汤真的起了作用，郑直的身体恢复得很好，就连脸上那乡下人特有的黝黑也逐渐褪去。

一天，许凌志路过戚老师的办公室。语文老师正跟戚老师聊着什么。语文老师说："千旋这样优秀的女孩，肯定有男生喜欢的，你们不担心她早恋？"

"怕有什么用，我了解千旋，有男生喜欢她自然是高兴的，但这丫头心比天高，那些男生她肯定都看不上，我一点都不担心千旋会早恋。"

许凌志神情沮丧，走在寒冷的冬天里，冷风一阵阵袭来，他觉得自己要被这冷风压垮了。耳边响着的依然是《浮夸》。他蹲在地上，不明白这个世界为什么要这样对他，他想要亲近的人总是离他那么远。

但许凌志的难过如同冬天的风，来得快，去得也快，很快就风轻云淡了。在许凌志看来，这其实并不能算是风轻云淡，而是重新出发。他要做出一件让千旋刮目相看的事来。这件事是什么事，他穷尽所有的脑细胞也没想出点头绪，但他要做一件大事的决心并没有变。

新的一个星期，戚老师给大家上了一节关于环保的课，垃圾山、白色污染、贫民窟的孩子……一个个触目惊心的镜头，触动了许凌志的神经，人类为什么那么浪费呢？再继续下去，这个世界就要毁灭了……

许凌志终于知道自己要做什么了！

F

学校每个学期都有一次演讲，让每个善于表达的同学展示自己。新学期开始了，许凌志报了名。郑直的腿伤已无大碍，也报了名。

这次两个人似乎有意较量一番。两个人报上去的演讲题目也是那么雷同——《珍惜身边的资源》。学生会的老师问他们是否要斟酌一下，许凌志首先表明了立场和态度，不改。随即，郑直也如出一辙。

学生会老师把这个难题扔回戚老师那儿。戚老师在与千旋吃饭时说起了这事。

“这两个人有很多相似的地方，都很倔强，有时仿佛心有灵犀。上次语文考试竟然考了一样的分数，连错的题都是一样的。幸亏我监的考，没有发现任何异样。这次，连演讲的题目都是一样的，又都不肯让步，不肯改题目和内容。”戚老师吃着吃着，放下了手里的筷子。

看到戚老师发愁的样子，千旋想到了解决这个难题的突破口。只要把许凌志的思想工作做通，郑直就好说服了。

上第一节课之前，千旋就在教室里等许凌志。今天早上有数学课，他是数学课代表，一定会早到。

果不其然，许凌志早早就到了教室。天气很好，初升的太阳把阳光一寸一寸地洒在校园里，洒在千旋的身上。

许凌志看到千旋，有些意外。自从上次无意中听到戚老师的那番话，他面对这个喜欢的女孩时，心里就生出些许自卑，连眼睛都不敢正视她了。

“许凌志，有个数学题想请教你。”千旋说。

“你还能遇到难题啊？太不可思议了。”许凌志说。

“所以你是数学课代表，而我不是。”千旋说着拿出准备好的练习册。

许凌志看了看题，三下五除二就解开了。

“你可真是不负数学达人的盛名。服了你了。”千旋拿回练习册，与许凌志一同往教室走，“听说你最近要参加演讲比赛？”

听到“演讲比赛”这四个字，许凌志的眼睛立刻亮了，莫非，千旋一直关注他在干什么？

“还听说，你的演讲题目和内容跟郑直的撞车了。其实相同题材的演讲我上初中就遇到过，这才能体现出水平来。不过呢，你们俩都是一个班的，这样的竞争应该是对外的吧？既然题目和内容都撞了，为什么不把你们的演讲稿结合起来呢？”

“我还是想独立演讲。”许凌志不想听千旋说下去。

“你们两个还可以做一个课件，充分表达环保的理念。你的初衷难道不是让更多的同学受到震撼吗？你们还可以一个演，一个讲，哇，得赢得多少眼球呀！”

别人说这番话，许凌志可以不听，但这话是千旋说的，他不忍拒绝。他说：“我再想想吧，也许，郑直不一定答应呢！”

看到许凌志松了口，千旋悬着的心也放了下来，事情办成了一半，接下来，她要说服郑直了。

千旋把说服郑直的工作放在了午饭后，郑直会在操场外圈的银杏树下背书。他很喜欢在树下背书，不管天气多冷，都改不了这个习惯。

郑直很愿意看到千旋，这个班长身上有一种吸引人的力量。郑直说不清这种力量是什么。有时，他会担心如果被这种力量吸引得太多，会迷失自己。他更因自己的出身而宁愿躲在一个人的世界里。

“背书呢！这次语文考得不错哦。”

“还好吧，很多同学的分都挺高的，我不是最高的。”

“已经很厉害了。这么冷的天，还在背书，你可真是铁打的。”

“闲着也没事。”

“你没有准备演讲吗？”

“我的题目和内容跟许凌志的太雷同，我的普通话讲得不好，我还是退出算了。”

“为什么要退出啊，我倒觉得你们两个可以珠联璧合，把内容整合到一起，我想，应该会打败校园无敌手吧。”

“这个主意不错，但是不知道许凌志是什么意思。”

“他愿意。他跟我说过的，就是碍于面子，不好意思跟你说。”

“真的？”

“我说话当然靠谱。”

在千旋的说合下，许凌志和郑直开始了合作。许凌志是电脑高手，制作的课件生动活泼又发人深省，看着就让人喜欢。

郑直的写作水平不赖，把演讲稿改了一遍又一遍。

比赛开始了，两人的演讲以舞台剧的形式开场，一个装作一滴水，一个装作一度电；一个变成白色塑料袋，一个化为废旧的电池……他们把自己调查的校园里的浪费水电、乱扔垃圾、丢弃废旧电池等问题通过一张张真实的图片表现了出来。

演讲大获成功。两个人脸上露出不易察觉的微笑。校报的学生记者拍完最后一张照片，许凌志对正在收拾道具的郑直说："溜冰场的事，我真不是成心的。"

郑直拍拍自己的右腿，"我这不是已经好了吗？跟原来一样。"

G

学期中期，有位企业家捐资助学，设立了困难学生基金。戚老师让郑直填一份表格。郑直不想填，他不想让同学们知道他家庭困难的事，他以为自己不填，同学们就不知道。事实上，同学们已从他平时买东西时的小心谨慎猜到了他家境不富裕，也没有谁因为贫穷嘲笑过他。

戚老师说："填一份吧，一定会给你保密的。"

郑直遮遮掩掩地填着困难学生申请表。冷不丁的，许凌志跑过来，抢过郑直的申请表："快来看哦，郑直的情书哦。"

同学们迅速围观过来，郑直的脸涨得通红，追着许凌志喊："还给我，还给我。"

许凌志边跑边看，突然停住，扭头把表格还给郑直，不屑地说：“还以为你在写情书呢，原来不是，真没劲。”

同学们见没什么好戏可看，各自散开。

郑直拿回表格，内心纠结着，这表格，还要不要填？

正当郑直纠结时，许凌志用胳膊肘儿顶了他的胳膊一下，把头凑过来说：“哎，刚才我太那啥了，别往心里去哈。”

郑直头也不抬，“嗯”了一声，算是原谅了他。

“哎，有个问题，你爸姓许，你怎么姓郑啊？”

郑直仍旧没抬头，压低声音说：“我跟我姥爷姓。”

“哦，真有意思。”

郑直默默地填着表格，泪水却打湿了双眼，如果他的父母还在身边，他怎么需要填这样的表格啊！十年前，他的父母为什么要抛弃他啊！

H

十年前，大壮和小壮曾坐在天台上看流星雨。他们的家就在西蝴蝶巷的巷尾。大壮和小壮是双胞胎，一个长得黑黑的，一个长得白白的。上幼儿园时，老师逗他们：“你们两个长得太不像了，真的是亲兄弟吗？你看大双和小双，长的就很像。”

大壮和小壮禁不起逗，又不知道怎么解释，哭着跟老师说，他们是亲兄弟，一个是哥哥，一个是弟弟。两兄弟一把鼻涕一把泪的，让幼儿园的老师再不忍心开这样的玩笑。

那时候他们还小，父母吵得不可开交，最主要的原因是，爸爸要出国，妈妈不赞成，两个人由这件事扯到其他事。吵得厉害时，盘和碗砸得满地都是，大壮和小壮要踮起脚尖走路，以免被瓷渣扎到脚。

为了躲避可怕的场面，两个人常常爬到天台上，看天空，看星星。有一天晚上，他们看到了流星雨。两个人大声喊着："看啊，满天都是流星。"两个人数啊数，都数不过来了。第二天两个人的嗓子都哑了。从那以后，他们再也没有看到过那么多的流星。而他们对着流星许下的"希望爸爸妈妈永远不要争吵了"的心愿终究成了空。

现实是残酷的，他们的父母离婚了。那一年，大壮和小壮只有五岁。

爸爸选择了出国。妈妈实在照顾不过来大壮和小壮。召开了家庭会议，最后，乡下的姥姥姥爷带走了身体不太好的大壮，小壮留在了城市跟着爷爷奶奶过。之后，妈妈也出国了，要把爸爸找回来。

姥姥带走了大壮，在无数个大壮哭喊着"妈妈，抱抱"的夜晚，姥姥跟他说："将来学好了英语，就可以去找妈妈了。"大壮盼着长大，盼着学英语。真的上了学，学了英语就总拿高分。

十年了，大壮常常在梦里梦到妈妈模糊的脸。

十年了，小壮是爷爷奶奶的心肝宝贝。他想妈妈时，奶奶就给他买好吃的。奶奶给他报了钢琴班、美术班，但他压根儿不感兴趣。

爸爸和妈妈从此杳无音信。两家的老人也从此不相往来。

有时大壮会忽然想起曾经有个双胞胎弟弟，有时又在半梦半醒之间哭醒，不知双胞胎弟弟怎么样了？

“你的小名叫大壮吧？”一个声音在耳边响起。来到高中后，郑直总会遇到一些突然的声音，当这些声音出现后，总要发生点什么事，这次，又是什么？

I

郑直愣住了，他知道，这是他失散十年的弟弟。

可当他与小壮面对面时，他无语了。弟弟，竟然是许凌志。他忽然想起那一天，许凌志抢到他申请贫困学生奖学金的表格时，脸上瞬间变化的表情。

郑直问：“你早就知道我是大壮？”

“是的，难怪我们两个有那么多相似之处，就连喜欢的人也是同一个。”

郑直答：“你喜欢千旋，我知道。但我跟她，就只是同学。”

“你还好吗？”

“生活条件比不了你，但是姥姥姥爷对我很好。”

郑直的话酸溜溜地刺着许凌志的心。许凌志说：“有空回家吧，爷爷奶奶一定很高兴见到你。”

“我现在还不想见。”

两个人陷入了沉默。许凌志说：“好吧，等你想好后跟我说。有时间，带我去看望姥姥姥爷吧！”

"好！"

回到家，许凌志把书包扔到沙发上，平静地对奶奶说："我见到哥哥了。"

"真的？我的那个大壮孙儿在哪儿？他好不好？"

"挺好的，跟我一个学校，就是被我撞了的那个同学。"

奶奶听罢，抹开了眼泪，"这孩子受苦了，受苦了。"

J

四月，春风拂面，郑直带着许凌志来到乡下。许凌志兴奋极了，像是要去春游。

姥姥姥爷不在家，郑直带着许凌志往梨园的方向走去。远远的，许凌志就嗅到了梨花香，走进梨园，满园的白色梨花晃了他的眼睛。"这儿真是美透了，我要是会画画，一定把这儿的美景全画下来。"许凌志说。

"一会儿授粉的时候，看你还觉得美不美。"郑直说，"梨园是姥姥姥爷的命根子，一家人的花销都靠梨园。姥姥姥爷都已经六十多岁了，却还要自己爬高爬低地去给梨花授粉。"

许凌志静静地听着，跟着郑直穿过萦绕着淡淡梨花香的小路，来到一个低矮的小屋前。郑直推开门，小屋里有一个炕，他说："每当树上挂满梨的时候，姥爷就要住在这间小屋里，怕的是有人来偷。我童年的大多数时间都是在梨园里度过的，每次带我来，姥姥会给我捎上好吃的。他们干活，我就跟在边上，饿了就吃点东西，困了就在梨树下铺个草帘睡一会儿。”

正说着，姥姥先看到了郑直，颠颠地小跑过来，边跑边喊：“大壮回来了，老头子，大壮回来了，快别授粉了，回家给大壮做点好吃的去。”郑直也快跑过去，拿过姥姥手里的工具，说：“姥姥，我不饿。这是我同学，许凌志，跟我一块儿回来玩的。”

许凌志忙打招呼：“姥姥好。”

姥姥说：“好好，同学来了，更得回家做饭了。”

住在姥姥家，睡的是土炕，吃的是粗粮，但许凌志的心里却踏实。虽然他平时养尊处优惯了，但授起粉来，也不甘落后。许凌志和郑直一前一后地忙碌，竟然给半亩地的梨花都授了粉。

临走前一天的下午，姥姥拉着郑直的衣角，把他扯到一边，小声地问：“你老实跟我说，你这个同学是不是小壮？”

郑直说：“是的，他是我弟弟，是您的亲外孙，他要来看看你们。”

K

二〇一一年十一月十八日，郑直和许凌志站在西蝴蝶巷口。

郑直抬头看天：“据说今天晚上有流星雨。”

许凌志说：“一定不能错过，是狮子座的，我们的星座的。”

戚千旋跑过来，“这样的事，我怎么能不在现场？”

郑直打趣道：“你又不是狮子座的！”

“谁让我有两个狮子座的兄弟呢！”